Papa, du hast Kekse im Bart

Impressum

© NIBE Media © Björn Scholz

Deutsche Erstausgabe

2021

Bibliografische Information der Deutschen Nationalbibliothek: Die Deutsche Nationalbibliothek verzeichnet diese Publikation in der Deutschen Nationalbibliografie; detaillierte bibliografische Daten sind im Internet über http://dnb.d-nb.de abrufbar.

Printed in Germany

ISBN: 978-3-96607-141-3

NIBE Media
Broicher Str. 130, 52146 Würselen,
Tel.: 02405 4064447, E-Mail: info@nibe-media.de
www.nibe-media.de

Björn Scholz

Papa, du hast Kekse im Bart

Die letzten Worte meiner Tochter

Autobiografie

Inhalt

Vorwort

Mein Name ist Björn und mit diesem Buch möchte ich Dir einen Einblick in meine ereignisreiche und turbulente Lebensgeschichte geben. Eigentlich wäre es mir lieber gewesen, diese Geschichte nie erlebt zu haben. Denn sie ist trauriger und grausamer, als Du es Dir je vorstellen kannst. Daher möchte ich hier eine ganz deutliche Triggerwarnung aussprechen. Wenn Dich die Themen Missbrauch, Mobbing, oder Suizid triggern könnten, dann überlege Dir gut, ob und wie Du dieses Buch lesen möchtest.

Aber ich musste es schreiben. Nur wenn wir aufmerksam machen, können wir etwas verändern. Ich habe es für alle geschrieben, denen ähnliche Schicksalsschläge widerfahren sind wie mir. Für Gleichgesinnte, die Trost in meinen Worten finden, für Betroffene, die sich nicht mehr allein fühlen wollen und für nicht Betroffene als Prävention und Mahnmal. Als Mahnmal dafür, wie viel Grausamkeit auf dieser Welt herrscht und dass wir achtsamer miteinander werden müssen.

Es ist Dir sicher schon aufgefallen: Ich spreche meine Leserinnen und Leser mit „Du" an. Ich Sieze ganz absichtlich nicht. Ich möchte keine Distanz zwischen uns aufbauen. Ich möchte Dich als Leser oder Leserin direkt ansprechen. Als ob wir uns miteinander unterhalten würden. Ich offenbare in diesem Buch fast alles, was mich ausmacht. Man könnte fast sagen, ich führe einen Seelen-Striptease auf. Dementsprechend privat und intim ist dieses Buch geworden.

Da passt einfach kein „Sie".

Damit Du meinen Erzählungen besser folgen und Dich besser in meine Erlebnisse hineinversetzen kannst, wirst Du in diesem Buch szenarische Beispiele finden.

An dieser Stelle möchte ich darauf hinweisen, dass die Beschreibungen und die wörtliche Rede, die in diesen Szenen vorkommen, aus Datenschutzgründen mit fiktiven Namen, ohne Orte und in Details verändert, dargestellt sind. Ähnlichkeiten mit lebenden oder verstorbenen Personen oder Erlebnissen sind ausgeschlossen und nicht beabsichtigt. Die Erzählungen stammen aus meiner Erinnerung. Mit diesem Buch möchte ich Dich einladen, in meine Erlebnisse einzufühlen, als seiest Du dabei gewesen.

Mein Buch soll Dich darin unterstützen, zu erkennen, wie wertvoll Du bist. Es soll Dich motivieren, niemals aufzugeben und Dich daran erinnern, dass es nach einer Talfahrt auch immer wieder bergauf geht. Wenn mich meine Erfahrungen eines gelehrt haben, dann das Reden hilft. Nichts hilft weniger aus all der Trauer heraus als Schweigen. Brich Dein Schweigen und rede über das, was Du erlebt hast. Egal in welcher Form.

Nicht zu letzt schreibe ich dieses Buch, um meinen eigenen Ratschlag zu befolgen. Reden und schreiben bewirkt, dass man sich mit Dingen, die einen beschäftigen, auseinandersetzen muss. Man muss sich plötzlich erinnern und reflektieren. Das ist ein langer und harter Prozess, aber er hilft, das eigene Schicksal zu verarbeiten und annehmen zu können. Es hat mich zu dem Punkt in meinem Leben gebracht, an dem ich jetzt bin. Und alles, was ich bis hierhin lernen durfte und geschafft habe, möchte ich an Dich weiter geben.

Von Herzen
Björn Scholz

Adoptiert

Jedes Leben beginnt mit der Geburt. Ich hoffe, es langweilt Dich nicht, wenn auch ich meine Geschichte mit meiner Geburt beginne. Ich denke, Du stimmst mir zu, wenn ich behaupte, dass ein Kind normalerweise gewollt ist, wenn es geboren wird. Jetzt wäre es nicht meine Geschichte und nicht meine Biografie, wenn dies in meinem Fall so gewesen wäre. In meinem Fall ist leider überhaupt nie irgendwas normal gewesen. Das wäre zu einfach gewesen. Dementsprechend war ich leider nicht gewollt. Ich war sogar so wenig gewollt, dass mich meine Erzeugerin nach meiner Geburt noch nicht einmal mit nach Hause genommen hat. Stattdessen hat sie mich einfach direkt im Krankenhaus gelassen und ist alleine abgereist. Im Krankenhaus bin ich dann die regulären 14 Tage „aufbewahrt" worden, um dann an meine Adoptiveltern übergeben zu werden.

Ich hatte dabei Glück im Unglück, wie man so schön sagt. Trotz des Unglücks, nicht gewollt zu sein, hatte ich großes Glück von sehr liebevollen Adoptiveltern aufgenommen worden zu sein. Liebevolle Eltern, die alles dafür getan haben, um mir ein schönes Leben, mit schönen Momenten, mit Freude, Spaß und mit allen Dingen, die ein Kind so braucht, zu ermöglichen. Es ging ihnen darum, mich genau wie jedes andere Kind auf das Leben vorzubereiten. Sie haben die Adoption oder meine Herkunft nie zum Anlass genommen, mich bevorzugt, oder anders zu behandeln. Dafür bin ich

Ihnen nach wie vor unendlich dankbar. Für mich sind meine Eltern großartige Menschen und ich bin mehr als nur froh, dass es sie gibt und dass sie immer für mich da waren.

Ich habe bis heute den größten Respekt vor den beiden dafür, dass sie ein eigentlich fremdes Kind, erzeugt durch fremde Personen, einen Zugang in ihr eigenes Leben und in ihre Privatsphäre gewährt haben. Ein Kind, dessen Entwicklung und dessen Wesen sie vorher nicht ansatzweise beurteilen konnten. Sie bekamen quasi die Katze im Sack. Mich. Dafür werden Sie mein ganzes Leben, meinen Respekt erhalten.

Als Säugling zog ich also bei meinen neuen Eltern ein. Ich wurde aus meinem aktuellen Umfeld, meinen aktuellen Beziehungen entlassen und quasi in eine neue Welt geschickt. Eine neue Welt mit einem neuen Umfeld. Weit weg von bekannten Menschen, bekannten Abläufen, bekannten Gerüchen und Geräuschen. Einfach weg von allen gewohnten Eindrücken. Jetzt wirft Dein gesunder Menschenverstand bestimmt Folgendes ein:

Aber Björn war doch erst 14 Tate alt, da gab es doch noch gar nichts Vertrautes!

Man könnte das so sehen, jedoch ist es für mich eben so gewesen. Außerdem gibt es Untersuchungen, die belegen, dass bereits ein Säugling schon wahrnehmen kann, was da gerade um ihn herum passiert, das seine eigene Mutter keinen Kontakt zu ihm aufnehmen will und er nicht zu Hause ankommt, sondern woanders hingebracht wird.

Schlimmer noch: Ich hatte Zeit meines Lebens das Gefühl, dass es eine Art Distanz zwischen mir und meinen Eltern gab. Eine unausgesprochene Barriere, die mich glauben lies, dass meine leiblichen Eltern mir mehr, oder eine andere Art von Liebe hätten geben können, als meine Adoptiveltern es je gekonnt hätten. Das ist das Schicksal eines Adoptivkindes. Denn sobald ein Kind adoptiert wird, wird es woanders nicht gewollt und dieses Wissen frisst sich tief in die Seele des betroffenen Kindes. Trotzdem habe ich mir nie andere Adoptiveltern gewünscht. Sie sind die besten Eltern, die ich mir vorstellen kann.

Schon wenige Tage nach meiner Ankunft lernte ich Oldo kennen. Er lebte bereits viele Jahre bei meinen Eltern und war schon sehr alt. Er war ein sehr wilder und stürmischer Schäferhund, sodass er nicht allzu viel mit mir zu tun haben durfte. Meine Eltern hatten Angst um mich. Trotzdem wurde ich bereits als Säugling an ihn gewöhnt. Ich spürte seine Neugier, sein Fell, seine Fröhlichkeit und vor allem seine Treue bereits als kleines Kind. Er brachte mir Loyalität und Vertrauen entgegen, die bedingungsloser nicht hätten sein können. Kurz nachdem ich zwei Jahre alt wurde, starb Oldo leider an Altersschwäche.

Meine Eltern wollten danach eigentlich keinen Hund mehr, hielten es dann aber doch nicht lange ohne Hund aus. Ein Jahr später stieß also ein Rauhaardackel zu uns. Meine Eltern tauften ihn Fuzzy. Da war ich gerade drei geworden.

Fuzzy entwickelte sich zum liebsten Hund der Welt. Er war weder aggressiv, noch hatte er eine geringe Toleranzschwelle. So durfte ich als Kleinkind bereits viel mit ihm spielen. Egal ob ich ihm an der Route oder an den Ohren zog, Fuzzy hat das gutmütig hingenommen. Er war sehr verträglich mit mir, mit anderen Menschen und auch mit anderen Hunden. So haben wir wirklich viel zusammen unternommen. Dieser Hund hat mich sehr lange begleitet.

Die ersten drei Jahre meines Lebens wuchs ich glücklich, wohl behütet und unbeschwert in einer Doppelhaushälfte im Vorort einer größeren Stadt in Norddeutschland auf. Ich hatte ein eigenes Zimmer, ein großes Haus und einen großen Garten. Es gab auch andere Kinder in der Nachbarschaft und zusammen mit Fuzzy hatte ich jede Menge Spaß. Ich erkundete gerne die Umgebung und lief ständig umher. Meine Mutter lies mich dabei aber nie aus den Augen, weil sie Angst hatte, dass ich mir wehtun könnte. Laut ihren Erzählungen war ich etwas tollpatschig als Kind. Trotzdem entwickelte ich mich meinem Alter entsprechend und war ein ganz gewöhnlicher, niedlicher Junge mit blonden Haaren und blauen Augen.

Mit 3 Jahren wurde ich im Juli 1983 in die blaue Gruppe des örtlichen Kindergartens aufgenommen. Als ich anfing, den Kindergarten zu besuchen, eröffneten mir meine Eltern zum ersten Mal, dass ich adoptiert bin. Sie spielten von

Anfang an mit offenen Karten. Sie haben trotzdem immer beteuert, dass sie mich lieb haben, alles für mich tun werden und immer für mich da sind und die Adoption daran nichts ändern wird. Sie haben mir nicht nur beigebracht, was Adoption an sich bedeutet, sondern sie haben mir auch die ganze Wahrheit erzählt. Die Wahrheit, dass mich meine leibliche Mutter direkt nach der Geburt abgegeben hat, weil sie mich nicht behalten wollte. Warum, das wussten meine Eltern auch nicht. Für mich war es gut, dass mir meine Eltern so früh erzählt haben, dass sie gar nicht meine richtigen Eltern sind. Auch aus heutiger Sicht hätte ich mir das nicht anders gewünscht. Ich halte Ehrlichkeit und Offenheit für die grundlegenden Bausteine für Vertrauen, auch in einer Eltern-Kind-Beziehung. Hätten mir meine Eltern meine Adoption verschwiegen und ich hätte es vielleicht selbst irgendwann herausgefunden, dann hätten sie mein Vertrauen leichtfertig verspielt.

Auch wenn meine Eltern zu mir offen und ehrlich waren, so habe ich doch recht deutliche Unterschiede in der Auffassung der Verwandtschaft meines Vaters und meiner Mutter erleben müssen. Je älter ich wurde, desto besser konnte ich ihre Meinungen und ihre Anspielungen verstehen. Bei der Familie meines Vaters hatte ich meinen Lebtag das Gefühl, dass ich nie als richtiges Familienmitglied akzeptiert worden bin. Es kam recht häufig vor, dass mir durch die Blume erklärt wurde, dass ich ja gar nicht zum eigenen Fleisch und Blut der Familie und deswegen auch nicht wirklich dazu gehöre. Auf der Seite meiner Mutter war es völlig anders. Ich wurde voll und ganz akzeptiert und es machte keinen Unterschied, dass ich ein Adoptivkind und kein leibliches Kind war. Sie haben sich sogar dafür eingesetzt, dass ich an allen Familienveranstaltungen teilhaben durfte und ich mich aufgenommen fühlte. Ich habe in dieser Zeit viel mit meinen Cousinen und Cousins unternommen, die ihrerseits gar nicht darüber nachgedacht hatten, ob ich adoptiert war oder nicht. Warum sollten sie auch? Ich gehörte schließlich zur Familie. Wir hatten einfach Spaß zusammen und haben als Kinder viele lustige Sachen unternommen.

Mein Kindergartenleben verlief währenddessen völlig typisch, würde ich sagen. Es gab jede Menge Feste und Veranstaltungen, Fotografen, die regelmäßig kamen, wir haben gebastelt, gespielt, uns gestritten, gesungen und gelacht. So z.B. auch das Faschingsfest im Februar 1984. Es war unglaublich viel gewesen los an diesem Tag. Ich erinnere mich gut, denn ich war sehr stolz auf mein Tiger-Kostüm.

Insgesamt hatte ich mich gut eingelebt und verstand mich, sowohl mit unseren beiden Erzieherinnen, als auch mit den anderen Kindern aus meiner Gruppe sehr gut. Jedenfalls dachte ich das, bis ich die erste negative Erfahrung in Bezug auf meine Adoption machen musste.

Rabenkind

Sommer 1985. Ich war fünf Jahre alt, würde im Oktober aber sechs werden. Es war ein schöner, warmer Nachmittag. Der Himmel war blau und die Sonne schien. Wir hatten Sommerfest im Kindergarten. Wieder einmal war viel los, lauter Eltern waren da, der Geruch nach Waffeln schwebte über das ganze Gelände und zum krönenden Abschluss sollten wir uns als Bäcker verkleiden und etwas Vorführen. Das fand ich total blöd und blieb lieber auf der Bank sitzen. Vor versammelter Mannschaft stehen und mich lächerlich machen, kam für mich überhaupt nicht in Frage. Dafür war ich viel zu schüchtern. Mein Freund Knut auch. Der fand das auch blöd. Wir tuschelten und grinsten, während die anderen in ihren Bäcker-Kostümen im Halbkreis standen und etwas vorsangen. Am Ende des Festes hatten wir zusammen so viel Spaß gehabt, dass wir uns gleich für den nächsten Tag nochmal zum Spielen verabredeten.

Als es klingelte, lief ich aufgeregt zur Haustür. Ich öffnete sie und Knut und seine Mutter schauten mich lächelnd an.

»Hallo Björn, bist du fertig?«, fragte sie.

Fast im gleichen Augenblick tauchte meine Mutter auf. Die Erwachsenen unterhielten sich, während ich Schuhe und Jacke anzog. Die beiden waren gekommen, um mich abzuholen. Ich verabschiedete mich schnell von meiner Mutter und dann machten wir uns zu Fuß auf den Weg. Der Weg war nicht weit, er wohnte mit seiner Mutter in einem Mehrfamilienhaus drei Straßen entfernt.

Seite an Seite liefen wir nebeneinander her. Fröhlich unterhielten wir uns dabei über das neuste Legoauto und das Sommerfest von gestern. Lego war derzeit unser Lieblingsspielzeug gewesen. Bei ihm angekommen stürmten wir gleich in sein Zimmer. Begeistert zeigte mir Knut sein neustes Legospielzeug.

»Boah, das ist ja toll!«, sagte ich und warf ihm bewundernde Blicke zu. Sein Zimmer war nicht besonders groß, aber er hatte mehr Spielsachen als ich. Staunend schaute ich mich um. Dunkler Boden, weiße Wände, und die Ecken waren vollgestopft mit Zeug. Wir machten es uns auf dem Fußboden bequem und begannen Legosteine zusammen zu setzen. Irgendwann machten wir einen kleinen Wettbewerb daraus. Wer den tolleren Turm baute, sollte gewinnen. Mitten im Spiel wollte Knut einen Stein haben, den ich in meinem Turm bereits verbaut hatte. Er wollte ihn unbedingt haben.

»Nein, das geht nicht, dann hält mein Turm nicht mehr!«, protestierte ich ...

»Doch das geht, das ist sowieso mein Stein«, entgegnete Knut gebieterisch und während er das sagte, bewegten sich seine braunen Haare aufgeregt hin und her.

»Aber er ist schon verbaut, wie soll ihn da raus holen?«, fragte ich ihn. Ich sah keine Möglichkeit.

Plötzlich schlug seine Stimmung um. Er sprang auf die Beine und sah mich wütend an.

»Du bist ein gemeines Rabenkind! Du bist in Wirklichkeit gar nicht von deinen Eltern.

Deswegen bist du so gemein und deswegen hat dich auch keiner lieb!«.

Verdutzt schaute ich ihn an. Erst konnte ich nichts sagen.

»Ich gehe jetzt nach Hause«, war alles, was ich hervorbrachte.

Daraufhin wurde er noch wütender und schrie:

»Du bist der Baron von Münchhausen!«.

Schockiert und traurig machte ich mich allein auf den Weg nach Hause.

Wenn ich mit meiner heutigen Lebenserfahrung auf dieses Ereignis zurückblicke, dann fühlt es sich schon ziemlich krass an. Ein anderes Kind, das Adoption wertet. Ein Kind, das derart negativ über Adoption und mich als Adoptivkind urteilte, obwohl es außer dem Begriff an sich wahrscheinlich gar nicht gewusst hat, was Adoption wirklich bedeutet.

Für mich war dieser Nachmittag sehr schwer zu verarbeiten. Ich ging sofort auf meine Mutter zu, als ich wieder zu Hause war und erzählte ihr, was ich erlebt hatte. Sie begegnete mir herzlich und verständnisvoll. Sie erklärte mir die Situation. Und zwar so, dass ich verstand, warum das andere Kind so fies zu mir gewesen war. Bei den ganzen Erklärungen, begann sie auch zum ersten Mal darüber zu reden, warum sie keine eigenen Kinder hatte. Sie erzählte mir, wie sehr sich meine Eltern ein gemeinsames Kind gewünscht hatten und wie lange sie dies probiert hatten. Leider war es meiner Mutter aus gesundheitlichen Gründen nicht möglich. Bei dieser Gelegenheit erfuhr ich, dass ich nicht das erste Adoptivkind meiner Eltern gewesen bin. Die beiden hatten vor mir bereits ein Mädchen adoptiert. Aber stell Dir vor, sie hatten dieses Mädchen wieder abgeben müssen, da sich die leiblichen Eltern mittendrin anders entschieden hatten! Es war für sie eine psychisch sehr anspruchsvolle Situation gewesen, wenn man bedenkt, mit welcher Hingabe sie ihren Kinderwunsch endlich erfüllen wollten. Schlussendlich waren meine Eltern aber natürlich umso glücklicher, als sie mich aufnehmen durften.

Für mich war nach der Erklärung meiner Mutter alles klar. Ihre Erklärungen taten gut und sie halfen mir zu verstehen, dass andere Kinder und Menschen einfach anders handelten und Dinge anders sahen. Ich konnte dann besser und vor allem verständnisvoller mit der Situation umgehen. Ich kann schließlich auch nichts daran ändern, das ich adoptiert worden bin. Das Thema fühlte sich danach nicht mehr so schlimm an wie vorher und war für mich erstmal wieder abgeschlossen. Leider nur vorerst, denn die Frage, warum meine leibliche Mutter beschlossen hatte, mich direkt nach der Geburt zur Adoption freizugeben, blieb ungeklärt.

Streichelzoo

Mit meinem Freund Knut wollte ich erstmal trotzdem nichts mehr zu tun haben. Nachtragend sein zählte zwar nie zu meinen Charakterzügen, aber ich hatte keine Lust, sowas nochmal von ihm an den Kopf geworfen zu bekommen. Im Kindergarten ging ich ihm seitdem aus dem Weg und spielte lieber mit den anderen Kindern. Ich war nach wie vor ein neugieriges, aber zurückhaltendes Kind. Ich beobachtete lieber und entschied dann, ob ich mitmachen wollte oder nicht. Mit den Erzieherinnen verstand ich mich gut. Ich fühlte mich von ihnen gut behandelt. Ich ging gerne in den Kindergarten. Wir bastelten dort viel, durften viel draußen spielen und klettern. Das hat mir besonders viel Spaß gemacht, denn zu Hause durfte ich das eher nicht.

Im späten Sommer 1985 hatten wir das Thema Tiere. Wir lernten, welche Tiere im Wald lebten, was sie fraßen, wie sie hießen und woran man sie erkennen konnte. Weil unsere Eltern vergangene Weihnachten genug Geld auf dem Weihnachtsbasar eingenommen hatten, konnten wir am Ende der Themenwoche sogar einen Ausflug in den nahegelegenen Wildpark machen. Ich freute mich tierisch auf den Tag. Als mich meine Eltern zu meiner Erzieherin nach Hause gebracht hatten, sprang ich sofort aus dem Auto. Ihre Verabschiedung konnte ich kaum aushalten, ehe ich zu den anderen Kindern und Müttern stürmte und gespannt darauf wartete, dass es endlich losgehen würde. Wir waren zwölf

Kinder und zwei Erzieherinnen. Wir hatten uns bei einer der Erzieherinnen zu Hause getroffen, weil dort ein riesiger Mannschaftsbus der Feuerwehr auf uns wartete, den sie über ihren Lebensgefährten für unseren Ausflug organisiert hatte. Ich rannte noch ein letztes Mal zu meiner Mutter zurück, verabschiedete mich und suchte mir dann staunend einen Sitzplatz in dem großen Bus. Der Mann der Erzieherin fuhr den Bus und als es endlich los ging, drückte ich meine Nase an die Scheibe, sodass sie beschlug. Ich hielt Ausschau nach meiner Mutter, entdeckte sie und winkte ihr ein letztes Mal zu, bevor sie außer Sichtweite war. Die Fahrt dauerte eine gefühlte Ewigkeit, bis endlich das riesige Schild mit dem Logo des Parks auftauchte. Wir stiegen aus und ein wildes Durcheinander brach über mir herein. Die Erzieherinnen riefen durcheinander und versuchten, die Kinder irgendwie zu bändigen. Viel zu sehr freuten wir uns auf den Ausflug. Wir verbrachten den ganzen Tag in dem Park. Wir sahen Tiere, schauten bei Tierfütterungen zu, streichelten Ziegen im Streichelzoo und am Ende des Tages, war ich so müde, dass ich hätte schwören können, dass eine der Eulen meinen Namen rief.

Es war ein schöner Ausflug. Als der Tag zu Ende ging, fuhren wir mit dem riesigen Bus wieder zurück zum Haus der Erzieherin. Von dort aus sollten uns unsere Eltern dann einzeln abholen. Einige Kinder der Gruppe konnten aber aus Gründen, die ich vergessen haben, nicht von ihren Eltern abgeholt werden. Unsere Erzieherin hat diese Kinder dann netterweise selbst nach Hause gefahren. So war das auch für mich geplant. Während unsere Erzieherin immer mal kurz weg war, um die Kinder zu fahren, hat ihr Lebensgefährte auf die restlichen Kinder aufgepasst. Wir durften uns dann unten im Partykeller des Hauses aufhalten. Ich kann mich noch vage an eine Art Bar oder Theke und einen Billardtisch erinnern. Außerdem empfand ich es als recht dunkel und kühl. Nur die letzten Strahlen der untergehenden Sonne schimmerten durch die kleinen Kellerfenster. Immer noch ganz beeindruckt von dem tollen Ausflug, blödelten wir in dem Keller herum und erzählten uns gegenseitig unsere Erlebnisse und schönsten Erinnerungen des Ausfluges. Schlussendlich hatte die Erzieherin fast alle Kinder nach Hause gebracht. Nur noch ein Mädchen und ich waren übrig.

Als die Erzieherin abermals losgefahren war, kam der Mann zu uns, der uns in dem Bus gefahren hatte. Wir waren jetzt ganz allein mit ihm. Das Mädchen und er saßen auf einem Sofa. Sie unterhielten sich. Er stellte viele Fragen zu unserem Ausflug und sie erzählte ihm begeistert, was sie erlebt hatte. Ich saß an einem Tisch ganz in ihrer Nähe. Ich beobachtete die beiden und hörte gespannt ihrer Version des Tages zu. Ich sah, wie die zwei Zöpfe ihres blonden Haares fröhlich hin und her wippten, wenn sie etwas besonders Spannendes erzählte. Ich musste grinsen, als ich bemerkte, dass ihre Haargummis perfekt zu dem roten Kleid, mit den gelben Blümchen passten, das sie trug. Typisch Mädchen. Die achteten auf sowas. Ganz plötzlich fing der Mann an, das Mädchen zu streicheln. Erst an den Armen. Dann im Gesicht. Langsam und vorsichtig. Dann wurde er forscher und küsste das Mädchen an mehreren Stellen ihres Gesichtes. Er lächelte dabei und sah sie freundlich an. Irgendwann schob er seine Hand unter ihr Kleid und berührte sie zwischen ihren Beinen. Nach und nach zog er ihr das Kleid, das Unterhemd, ihr Höschen und ihre Socken aus. Das Mädchen saß vollkommen bewegungslos da. Ich war ebenfalls starr vor Schreck. Ich wusste nicht, was hier gerade passierte. Was tat der Mann da? War es falsch, was der Mann da tat? Ich konnte mich nicht rühren, sah einfach zu. Nach weiteren Minuten ließ er von dem Mädchen ab und wandte sich mir zu.

»Komm mal her zu uns. Du kannst etwas für mich tun«.

Ich ging zu ihm hin und setzte mich neben ihn. Mit großen Augen schaute ich ihn an. Ich wusste nicht was als nächstes Geschehen würde.

»Zieh dich aus«, sagte er schlicht und es klang wie ein Befehl. Ich verstand nicht, was das alles sollte und was hier gerade passierte. Erschreckt und verängstigt gehorchte ich und zog meine Kleidung aus. Er lächelte mich an, als ich nackt vor ihm saß.

»So ist es gut«, sagte er leise und berührte mit seinen Fingern meinen gesamten Körper. Er fuhr über jede Stelle und streichelte mich auch zwischen den Beinen. Seine Berührung löste kalte Schauer in mir aus. Im nächsten Augenblick öffnete er den Reißverschluss seiner Jeans und zeigte uns sein Geschlechtsteil. Das wurde mir zu viel. Ich fühlte mich unwohl, ich merkte, dass ich das nicht wollte. So laut ich konnte, schrie ich den Mann an. Dann

22

ging alles sehr schnell. Der Mann reagierte sehr aggressiv auf mich. Er sprang auf die Beine, schubste mich vom Sofa und drückte mich auf den Boden. Das Mädchen brach in Tränen aus und schluchzte dabei laut. Dann stellte der Mann einen Stuhl auf mich und beugte sich zu mir herunter. Leise, aber deutlich flüsterte er mir ins Ohr:

»Wenn du das jemandem erzählst, dann bringe ich Dich um!«.

Mein Herz klopfte laut. Was umbringen hieß, wusste ich. Zumindest wusste ich zu diesem Zeitpunkt mehr darüber, als über sexuellen Missbrauch. Ich bekam Panik und fing an zu weinen. Der Mann merkte, dass es kompliziert für ihn wurde.

»Zieh dich wieder an!«, blaffte er das Mädchen an. Er nahm den Stuhl von mir herunter und schmiss mir meine Hose und meine restliche Kleidung vor die Füße.

»Und du auch!«, fügte er barsch hinzu. Auch ich musste mich wieder anziehen. Die folgenden Minuten kamen mir wie Stunden vor. Ich saß gemeinsam mit dem Mädchen auf dem Sofa. Von der ursprünglichen Freude war nichts mehr übrig. Wir saßen einfach nur da. Fast wie eingefroren, die Hände krampfhaft im Schoß versteckt und weinten, so leise wir konnten, um den Mann nicht weiter zu verärgern. Der Mann redete währenddessen immer wieder auf uns ein.

»Hört endlich auf zu heulen!«, sagte er laut. »Wenn ich jemals rauskriegen sollte, dass ihr das, was hier passiert ist, jemandem erzählt habt, dann werde ich euch umbringen! Und nicht nur euch, ich werde auch eure Eltern umbringen! Und alle, die euch lieb haben. Dann seid ihr ganz alleine! Also überlegt euch das gut!«

Nach einer gefühlten Ewigkeit kam dann unsere Erzieherin von ihrer letzten Tour zurück, um auch uns endlich nach Hause zu bringen. Sie kam die Kellertreppe herunter und wir versuchten, uns nichts anmerken zu lassen.

»So ihr zwei, jetzt seid ihr dran«, sagte sie nichtsahnend und fröhlich. So schnell wir konnten, stiegen wir die Treppe nach oben. Wir stiegen eilig ins Auto und saßen zusammen auf der Rückbank. Das Mädchen fing im Auto wieder an zu weinen.

»Was ist denn los? Jetzt geht es doch nach Hause!?«, fragte die Erzieherin besorgt. Das Mädchen schüttelte nur den Kopf und sagte:

»Das möchte ich nicht sagen. Ich bin einfach traurig.«

Traurig war ich auch. Aber es war zugleich die Untertreibung des Jahrhunderts. Ich war geschockt, verwirrt, verängstigt. Er hatte mich überall berührt, ohne das ich es wollte. Ich hatte mich hilflos und ausgeliefert gefühlt. Diese Situation über mich ergehen und aushalten zu müssen war das aller Schlimmste gewesen. In meinem Kopf habe ich es mit mir machen lassen müssen. Er sagte, er würde mich sonst umbringen. Ich fühlte mich schrecklich. Schrecklich verletzt. Schrecklich erniedrigt. Schrecklich hilflos. Es war, als ob meine Meinung und meine Empfindungen nichts bedeutet hatten. Zugleich zerbrach etwas in mir. Eine Art Urvertrauen, das ich immer gehabt hatte, war fort.

Als ich zu Hause ankam und meine Mutter die Tür öffnete, sauste ich gleich in mein Zimmer und warf mich aufs Bett. Ich wollte ihr nicht erzählen müssen, wie der Tag gewesen war. Schon gar nicht wollte ich ihr von meinem Erlebnis in dem Keller erzählen. Der Mann hatte gesagt, er würde meine Eltern umbringen, wenn ich es je erzählen würde. Ich glaubte ihm. Als mir meine Mutter hinterherkam und wissen wollte, was los sei und wie der Tag gewesen sei, schickte ich sie weg.

Kurze Zeit, nachdem sie wieder nach unten ins Wohnzimmer gegangen war, kratzte es an meiner Zimmertür. Verwundert stand ich vom Bett auf und öffnete sie. Vor mir stand Fuzzy, unser Rauhaardackel und schaute mich aus seinen dunklen, braunen Augen tröstend an. Ich lies ihn herein und nahm ihn in den Arm. Er war jetzt genau derjenige, den ich brauchte. Mit ihm im Arm schlief ich ein.

Und so wurde ich vom neugierigen, aufgeweckten Jungen zu einem introvertierten und schüchternen Jungen, der wenig sprach. Was sollte ich auch sagen? Bei jedem Wort hatte ich Angst, dass wieder etwas passieren würde, was ich nicht wollte.

Meine Eltern versuchten hartnäckig, herauszufinden, was passiert war, denn sie merkten natürlich, dass ich mich verändert hatte. Ich mochte nicht mehr mit meinen Freunden aus dem Kindergarten spielen und blieb meistens in meinem Zimmer. Dort baute ich stundenlang verschiedenste Gebilde aus Legosteinen. Das war mein absolutes Lieblingsspielzeug. Auch bei Sonnenschein konnte mich nichts nach draußen locken.

Einzig und allein Fuzzy war mir immer wieder ein Lichtblick. Er war immer für mich da. Vor allem seine immer fröhliche und positive Art gab mir Halt und Hoffnung. Für Fuzzy war die Welt in Ordnung, wenn ich da war und wenn für Fuzzy die Welt in Ordnung war, dann ging es auch mir besser. Ich habe ihm immer gerne viele, sehr viele Hundeleckerlies gegeben. Vielleicht mochte er mich auch nur deswegen so gerne…

Es verging ein Jahr, in dem sich nichts großartig änderte. Ich besuchte weiterhin den Kindergarten und musste mir immer neue Lügen einfallen lassen, warum ich nicht erzählen wollte, was passiert war. Aber ich hatte Angst, dass meinen Eltern etwas passieren könnte.

Atemlos

Im Frühling 1986 war ich mittlerweile sechs Jahre alt und sollte schwimmen lernen. So wie jedes Kind. Schwimmen lernen ist im wahrsten Sinne des Wortes überlebenswichtig. Natürlich durfte das im Erziehungsplan meiner Eltern nicht fehlen und ich freute mich auch darauf. Ich hatte schon öfter den Fischen oder den Fröschen im Teich beim Schwimmen zugeschaut und mich insgeheim schon oft gefragt, was das Geheimnis des Schwimmens sein mochte. Musste man sich besonders schnell bewegen? Besonders leicht sein? Oder sich besonders langsam bewegen? Aber weder Fische noch Frösche bewegten sich besonders schnell oder besonders langsam. Es war mir ein Rätsel. Aber ich würde es ja herausfinden! Und so brachten mich meine Eltern eines Tages zu meiner ersten Schwimmstunde ins örtliche Hallenbad. Da ich schon sechs Jahre alt und kein Säugling mehr war, war die Anwesenheit der Eltern während des Unterrichtes möglich, aber nicht notwendig. Sie entschieden sich dafür, im Wartebereich auf das Ende des Unterrichtes zu warten. Sie sprachen das mit mir ab und es war ok für mich.

Nachdem ich mich umgezogen hatte, erklärte mir ein netter Mann den heutigen Ablauf. Ich versuchte, mir alles zu merken. Als ich dann die Schwimmhalle betrat, war viel los. Es war tierisch laut und wuselig. Überall die bunte Schwimmkleidung von Kindern und Erwachsenen und richtig viel Lärm. Ich wusste nicht so recht wohin mit mir und hatte mir auch die Erklärungen des netten Mannes nicht ganz merken können. Dann sah ich einen Bekannten aus unserer Nachbarschaft. Er war älter als ich, konnte schon schwimmen und war bereits in einem der kleinen Becken.

Als er mich entdeckte, winkte er mir zu. Aus Reflex ging ich zu ihm.

»Hallo Björn!«, rief er und strahlte mich an. »Komm doch auch schon ins Wasser, es ist total warm!«

»Okay«, sagte ich achselzuckend.

Naiv und furchtlos stieg ich die kurze Treppe hinab ins Wasser. Mein Bekannter kam zu mir geschwommen. Da ich noch nicht schwimmen konnte, hielt ich mich natürlich am Beckenrand fest. Wir grinsten uns an und tauschten uns kurz aus.

Plötzlich gab es eine Ansage durch einen Lautsprecher. Das Rauschen des Wassers und die Stimmen der Menschen vermischten sich in meinem Kopf zu einem einzigen Strudel, sodass ich die Lautsprecherdurchsage nicht verstehen konnte. Mein Bekannter aber hatte offensichtlich verstanden, was zu tun war, denn er wendete sich ab, winkte erneut und rief:

»Dann bis später. Es geht los!«.

Da ich keinen blassen Schimmer hatte, wohin ich gehen sollte, folgte ich ihm einfach zu seiner Gruppe, die sich im Becken zu einem Kreis versammelt hatte. Ich hangelte ich mich am Beckenrand entlang und wurde Teil der Gruppe. Mit großen Augen schaute ich mich um. Die Kinder sahen alle älter aus, als ich und sie konnten schon schwimmen. Aber ich dachte mir nichts dabei. Ein Mann begann zu reden. Er war wohl der Schwimmlehrer. Er erklärte, dass es heute darum gehen würde, auf den Boden des Schwimmbeckens zu tauchen, um einen Ring nach oben zu holen.

Der Reihe nach wurden die Schwimmschüler aufgefordert, es zu probieren. Sie schafften es. Ich freute mich für sie und schaute weiter interessiert zu. Dann wandte sich der Schwimmlehrer auf einmal mir zu.

»Okay, jetzt bist du an der Reihe. Versuche es mal«, sagte er und schaute mich dabei freundlich und aufmunternd an. Ich schüttelte sofort den Kopf.

»Nein, ich kann das nicht«, stammelte ich. Er redete auf mich ein und versuchte, mir Mut zu machen. Ich schüttelte nur immer weiter den Kopf. Angst machte sich breit. Ich konnte ihm nicht begreiflich machen, dass ich noch überhaupt nicht schwimmen konnte. Langsam wurde der Schwimmlehrer ungeduldig. Ich wusste nicht, was ich machen sollte. Plötzlich packte mich der Mann im Nacken und drückte mich unter Wasser. Ich konnte ihn weiter sprechen hören, aber durch das Wasser wurde seine Stimme so sehr verzerrt, dass ich ihn nicht verstand. Ich dachte, er würde mich gleich wieder rauf lassen, aber er tat es nicht. Ich strampelte gegen den Druck seiner Hand an. Ich stieß mit Beinen und Armen um mich, aber da war nichts als Wasser. Er hielt mich weiter unter der Oberfläche. Ewig. Ich bekam Panik. Große Panik. In Gedanken schrie ich um Hilfe. Ich flehte ihn an, mich wieder an die Wasseroberfläche zu lassen. Ich brauchte Luft! Dann kam der Reflex zu atmen. Meine Lunge brannte wie Feuer und alles wurde schwarz.

Später erfuhr ich von meiner Mutter, die natürlich informiert worden war, dass ich von Rettungssanitätern beatmet worden war und mir jede Menge Wasser aus der Lunge gepumpt werden musste. Wieder hatte ich Glück im Unglück gehabt.

Natürlich wollten wieder alle genausten von mir wissen, was passiert war und natürlich schwieg ich. Schon wieder.

Ich wollte nach diesem Vorfall nichts mehr mit Wasser zu tun haben und zog mich abermals zurück. Wieder erzählte ich nichts davon meinen Eltern. Ich kann bis heute nicht genau sagen warum. Vielleicht hatte ich es mir schon als Überlebensstrategie antrainiert, um Ärger zu vermeiden. Da ich aber schwieg, gab es auch keine Konsequenzen für den Schwimmlehrer. Wie auch immer er die Situation dargestellt hatte, man hatte ihm geglaubt. Er behielt seinen Job und wurde auch nicht angezeigt.

Meinen Eltern erzählte ich, dass ich den Schwimmlehrer total blöd gefunden hätte und deswegen nicht mehr dorthin wolle. Zu meiner größten Erleichterung nahmen sie meine Entscheidung an und zwangen mich nicht dazu, trotzdem wieder dort hinzugehen, um schwimmen zu lernen. Auch dafür bin ich den beiden bis heute dankbar.

Eine ganze Weile ließen sie mich mit dem Thema Schwimmen in Ruhe.

Meinem Vater war Schwimmen lernen jedoch eine Herzensangelegenheit. Er fand es enorm wichtig, dass ich das lernte. Und da ich ja immer noch nicht herausgefunden hatte, wie Fische und Frösche schwammen, willigte ich ein. Er fuhr mit mir jede Woche ins Hallenbad und brachte mir das Schwimmen kurzerhand selbst bei. Es hat mir riesig viel Spaß gemacht. Warum denn nicht gleich so? Eine Zeit lang, eine herrlich unbeschwerte Zeit lang, war ich kaum mehr aus dem Wasser heraus zu bekommen und wollte bei jeder Gelegenheit schwimmen gehen, die sich mir bot. Es fiel mir leicht, schwimmen zu lernen. Trotzdem war ich nie richtig gut darin, aber es reichte, um Spaß zu machen.

Ich blühte wieder etwas auf. Ich hatte etwas gefunden, das mir Spaß machte und von dem ich den anderen Kindern erzählen konnte. Ich wurde wieder offener und begann mich wieder mit Kindern zu verabreden. Viele der Kinder warfen mir bewundernde Worte entgegen, wenn sie hörten, wie viel und wie lange ich schwimmen konnte.

In meinem Übermut schubste ich eines Tages sogar Fuzzy in den Teich in unserem Garten und wollte, dass er schwimmen lernte. Obwohl ich nicht wusste, dass Hunde normalerweise schwimmen können, konnte Fuzzy es offensichtlich nicht, oder zumindest nicht sehr gut. Vielleicht lag das an den zu kurzen Beinen seiner Dackel-Rasse. Jedenfalls mussten ihn meine Eltern retten, nachdem er lautstark um Hilfe fiepte. Aber keine Angst. Der Teich war nicht tief. Ertrunken wäre er sowieso nicht.

Armer Fuzzy. Ich hoffte inständig, dass er mir das nicht langfristig übel nehmen würde. Er begegnete mir zum Glück nach wie vor vertrauensvoll und freundlich, auffällig war jedoch, dass er seitdem einen großen Bogen um den Teich machte ... Ich konnte ihm das nicht verübeln. Mir hatte meine Erfahrung mit meinem aller ersten Schwimmunterricht ja schließlich auch einen Schrecken eingejagt. Zum Glück ging dieser wieder weg. Ganz im Gegenteil zu dem Schrecken, der mir im nächsten Kapitel begegnete.

Bauchschmerzen

Kurz nachdem ich Schwimmen gelernt hatte, hatten wir ein großes Familienfest. Ich weiß den Anlass nicht mehr, denn wir hatten ständig große Familienfeste. Der Reihe nach trafen wir uns mal bei Tante und Onkel, oder alle kamen zu uns. Ich mochte diese Feste nicht immer. Je nachdem wer kam, wurde es mir schnell zu viel. Es wurde laut geredet, viel gegessen und viel getrunken. Wir Kinder spielten dann meistens unter den Tischen Räuber und Gendarme oder spielten Fangen und jagten uns dabei gegenseitig durch das gesamte Haus.

An dieses Familienfest kann ich mich sehr gut erinnern, denn ich konnte stolz erzählen, dass ich schwimmen gelernt hatte. Alle freuten sich für mich. Immer wieder berichtete ich, wie viel ich geschwommen war und was ich Neues dazugelernt hatte. Bald kam das Thema Schule zu sprechen.

Ob ich mich auf die Schule freue, wurde ich gefragt. Darüber hatte ich noch gar nicht nachgedacht, denn für mich war es selbstverständlich, lesen und schreiben zu lernen.

»Na klar!«, wurde daher zu meiner allumfassenden Standardantwort. Na klar, freute ich mich auf die Schule. Na klar, freute ich mich auf die Hausaufgaben, auf die anderen Kinder und auf die langen Tage, die ich dort verbringen würde. Wenn man etwas noch nicht kennt, dann freut man sich auch noch darauf, oder?

Zum Abschied von allen Kindergartenkindern, die nun eingeschult werden würden, gab es im Juni ein großes Abschiedsfest. Alle Eltern waren eingeladen, es wurde gegrillt und es gab ein Lagerfeuer. Es war ein schöner Tag. Wir haben Tauziehen gespielt und jede Menge gegessen. Ich hatte keine Angst vor der Schule, daher tat der Abschied nicht sonderlich weh.

Später im Juni wurden alle Kinder aus meiner Gruppe nochmal extra zu mir nach Hause eingeladen. Unsere Erzieherinnen waren auch mit dabei. An diesem Tag war ich dann doch etwas traurig, denn viele Kinder gingen auf andere Schulen oder wurden in andere Klassen eingeschult.

Im August 1986 war es dann also soweit! Ich wurde in die örtliche Grundschule eingeschult und hatte meinen ersten Schultag. Ich glaube, Einschulungen haben sich bis heute nicht sehr verändert. Es gab das volle Programm: Rede der Schulleitung, Schultüte, Rundgang durch die Schule und schließlich die Versammlung mit den neuen Mitschülern im neuen Klassenraum, inklusive Fotografie der gesamten Klasse. Es war wirklich aufregend und staunend beobachtete und durchlief ich die gesamte Prozedur. Als wir alle einen Platz im Klassenzimmer gefunden hatten und jeder sein Namenschild vor sich auf dem Tisch stehen hatte, schien alles okay zu sein. Ich beobachtete die anderen Kinder. Sie alle waren furchtbar unterschiedlich. Einige schauten ängstlich, andere frech. Wir alle plapperten wild durcheinander, bis die Lehrerin endlich für Ruhe gesorgt hatte. Was wir dann im Unterricht gemacht haben, weiß ich nicht mehr. Dafür erinnere ich mich umso besser an meine aller erste große Pause.

Durch die Missbrauchserfahrung war ich immer noch traumatisiert und sehr still. Dadurch war ich nicht sehr kommunikativ und ich konnte mich anderen Menschen nicht so verständlich machen, wie ich es gerne gewollt hätte. Stattdessen war ich schüchtern und zurückhaltend. Ich hatte gelernt, die Klappe zu halten. Ich schätze, das war der Grund, warum sie mich als Opfer auswählten.

Die ganze Klasse lief nach draußen und verteilte sich über den Schulhof. Einige liefen zu den Klettergerüsten, andere spielten Fußball auf dem Bolzplatz. Ich streifte langsam und ziellos umher. Manchmal hielt ich an, um den anderen Kindern beim Lachen und Spielen zu zuschauen. Ich wollte gerne mitspielen, aber ich wusste nicht, wie ich mich ihnen nähern sollte. Ich traute mich nicht, sie anzusprechen. Ich umrundete den Schulhof und kam an einer Ecke vorbei, in der ein paar ältere Schüler standen. Als sie mich sahen, kamen sie auf mich zu, warfen mir gehässige Blicke zu und stellten viele Fragen. Ich beantwortete sie nicht und rührte mich auch nicht. Ich stand einfach nur da. Wieder mal gelähmt vor Schreck und Unwissenheit, was zu tun war. Sie waren so viel älter als ich! Mein Schweigen schien sie zu provozieren. Irgendwann wurden sie beleidigend und traten näher an mich heran. Noch ehe ich verstand, was geschah, hatte ich schon den ersten Fausthieb im Magen. Sie verprügelten mich, warfen mir Beleidigungen an den Kopf und lachten mich aus.

Sie reagierten, wie ich es bereits kannte. Sie drohten mir, dass wenn ich jemandem davon erzählen würde, ich noch mehr Ärger mit ihnen kriegen würde als jetzt schon.

Also hielt ich wieder den Mund. Wieder schwieg ich und erzählte niemandem ein Sterbenswort davon.

Zu Hause fragte meine Mutter gespannt, wie mein Tag gewesen sei.

»Ganz gut«, log ich sie jedes Mal an, wenn sie mir diese Frage stellte.

Was mir im Kindergarten noch leicht gefallen war, war plötzlich sehr schwer geworden, ich fand keine Freunde. Ich fand keinen Anschluss. Ich fühlte mich von Lehrern und Mitschülern anders behandelt. Ich hatte das Gefühl, dass sie merkten, dass ich anders war. Anders, weil adoptiert, ungewollt und missbraucht. Dabei war ich ja gar nicht anders. Ich hielt mich nur selbst für anders. Für nicht normal. Dadurch distanzierte ich mich von ihnen und wurde schnell zum Einzelgänger. Besser gesagt zum Außenseiter. Das wäre für mich okay gewesen. Das Mobbing-Opfer zu sein, war nicht okay.

Die Mobbing-Attacken gingen nicht von meinen eigenen Klassenkameraden aus, sondern von älteren Schülern. Eine Gruppe von Viertklässlern hatte es sich zum Spaß gemacht, ihre Opfer auf dem Pausenhof auszusuchen. Einfach so. Zum Spaß. Folglich bin ich, da wir ja auf dieselbe Schule gingen, den insgesamt drei Schülern aus der vierten Klasse mehrmals täglich begegnet. In den Pausen und vor oder nach der Schule. Oder beides.

Da ich genau wie meine Mitschüler gerade erst eingeschult worden war, gab es nicht viele Möglichkeiten, mich dem Mobbing zu entziehen. Die ganze Umgebung war neu, ich kannte niemanden und hatte wie oben erwähnt auch keine Freundschaften zu Mitschülern aufgebaut, an die ich mich vertrauensvoll hätte wenden können.

Ich war durch die Missbrauchserfahrung ein stark verunsicherter, introvertierter Mensch geworden. Es war nicht leicht für mich, mich zu artikulieren oder mich bemerkbar zu machen. Vielmehr wurde ich mit jeder neuen Mobbing-Attacke noch ängstlicher und stiller und meine Traumatisierung verstärkte sich. So war es natürlich ein leichtes für die drei Schüler mich immer und immer wieder zu bedrängen, zu beleidigen, mir nachzustellen, mich zu schikanieren, zu bestehlen, zu erniedrigen und zu verprügeln.

Meine Opferrolle manifestierte sich und so war ich ein einfaches Ziel für die drei älteren Schüler. Über ein Jahr ging das so. Tag für Tag. Und ich erzählte meinen Eltern nicht ein Wort.

Immerhin hatte ich noch Fuzzy. Er war zu dieser Zeit mein einziger Freund und Verbündeter. Jedes Mal, wenn ich nach Hause kam, begrüßte er mich schwanzwedelnd und lief entzückt auf ich zu. Er freute sich darüber, dass ich da war. Es war jedes Mal wie Balsam für meine Seele. Er war verständnisvoll und begleitete mich in meinen schwersten Zeiten. Ihm konnte ich auch erzählen, was mich quälte.

Bestimmt hätte mir jemand geholfen, wenn ich einfach mal laut darum gebeten hätte. Aber das habe ich nicht getan. Auch meine Eltern bekamen nichts davon mit. Ich hatte nie äußere Verletzungen oder blaue Flecke. Kaputte, dreckige Kleidung oder eine durchwühlte Schultasche repräsentierten nicht das, was mir alles widerfahren war. Da ich zu Hause in der ersten Zeit auch nicht viel von der Schule erzählte, hatten meine Eltern keine Chance, einen Verdacht zu schöpfen.

Nachdem das Jahr vorbei war, wechselten die drei Schüler auf die weiterführende Schule. Plötzlich waren sie weg. Meine Notlage hatte sich von einem auf den anderen Tag einfach aufgelöst. Für einen winzigen Moment war ich so erleichtert und befreit wie nie zuvor. Für einen winzigen Augenblick hatte ich wirklich geglaubt, die drei nie wieder sehen und ihre Schikanen nie wieder ertragen zu müssen. Leider hielt dieser schöne Moment nur einen einzigen Tag.

Erniedrigt

Die Viertklässler waren zwar von der Schule gegangen, aber sie suchten mich auch weiterhin fast täglich nach dem Unterricht auf. Ihre Mobbing-Attacken musste ich insgesamt weitere vier Jahre ertragen. Schlimmer noch: Sie bescherten mir den, mit Abstand, schrecklichsten Moment meiner gesamten Schullaufbahn.

Der Unterricht war zu Ende und ich durfte nach Hause fahren. Schnell packte ich alle meine Sachen zusammen und sauste zu meinem Fahrrad. Ich wollte mich beeilen. Vielleicht würden sie mich heute verpassen. Ich stieg auf und fuhr los. Ich fuhr die lange Straße des Wohngebietes entlang und freute mich. Weit und breit nichts von ihnen zu sehen. Vielleicht hatte ich heute mal Glück! Nach einer Weile sah ich in der Ferne auf der anderen Straßenseite eine Gruppe von drei Schülern, die wohl auch gerade Schulschluss hatten. Instinktiv stellten sich meine Nackenhaare auf. Ich konnte aber noch nicht erkennen, ob sie es waren. Rasch überlegte ich, ob ich umdrehen sollte. Ich wollte ihnen nicht begegnen. Nicht schon wieder. Umzudrehen wäre aber ein sehr großer Umweg. Ich fuhr weiter und kam dichter auf die Gruppe zu. Sie bemerkten mich und wechselten sofort auf meine Straßenseite. Mein Herz setzte für einen Moment aus. Sie waren es! Ich trat in die Pedale und versuchte an den Dreien vorbeizufahren, doch es war zu spät. Sie rannten auf mich zu und versperrten mir den Weg. So schnell ich konnte, bremste ich und wollte wenden. Wollte zurück. Wollte fliehen. Doch sie waren schon zu nah. Sie umringten mich, schubsten und zerrten mich von meinem Fahrrad. Hart fiel ich auf den gepflasterten Boden. Sie lachten mich dabei aus. Der „Anführer" blieb bei mir stehen und passte auf, dass ich nicht wegrennen würde. Die anderen beiden traten auf mein Fahrrad ein. Als sie fertig waren, hoben sie es hoch und schmissen es gegen einen Zaun. Dann wandten sie sich wieder mir zu. Ich war wie gelähmt, konnte mich nicht bewegen, konnte nichts sagen, um Hilfe schreien, oder mich wehren.

»Hast wohl gedacht, du kannst einfach so abhauen, was? Das kannst du vergessen!«, sagte der Anführer höhnisch.

»Wirst schon sehen was du davon hast!«.

Ich versuchte, mich aufzurichten, doch der Anführer und sein Kumpel drückten mich weiter gegen den Zaun, vor dem sie mich zu Fall gebracht hatten.

»Du bist einfach nichts wert. Wehr' dich doch mal, du scheiß, hässlicher Loser!«.

Der Dritte aus der Gruppe stand daneben und sagte nichts. Er grinste nur ekelhaft und beobachtete das Schauspiel seiner Kameraden. Doch dann schnappte er sich plötzlich meinen Schulranzen und öffnete ihn.

»Hast du nicht mehr dabei, du Penner?«, sagte er verächtlich und schüttete meine Schulsachen neben mir auf den Boden. Dann klatsche es an meiner linken Wange und meine Haut brannte. Der Anführer verpasste mir eine schallende Ohrfeige. Ein stechender Schmerz erfüllte meine Wange und es piepte in meinem linken Ohr. Sofort hielt ich mir schützend eine Hand an die Wange.

»Wenigstens den Ranzen von dem Idioten können wir gebrauchen!«, bemerkte der Anführer zu seinen beiden Kameraden. Ich schaffte es, mich zumindest wieder aufzurichten, und hoffte, dass sie nun von mir ablassen würden. Als sie meine Bemühungen bemerkten, bekam ich einen heftigen Schlag in den Magen. Mir blieb die Luft weg und ich sackte vor Schmerz auf dem Boden zusammen. Ich hielt mir meine Hand an den Bauch, konnte die Schmerzen kaum aushalten. Es tat so weh und mir wurde augenblicklich schlecht. Dann kam noch ein Schlag. Und noch einer. Erst schlugen sie mit Fäusten auf meinen Bauch ein, dann traten sie mit ihren Füßen auch auf meine Beine und Arme. Vor Schmerzen, Angst und Hilflosigkeit fing ich an zu weinen.

»Schaut ihn euch an! So ein Opfer!«, sagte einer von ihnen. Sie lachten, machten Witze über mich und feierten ihren Triumph. Irgendwann wandten sie sich ab, um zu gehen. Ein kurzer Hoffnungsschimmer durchzuckte meinen schmerzenden Körper. War es vorbei? Doch ich freute mich zu früh. Der Anführer drehte sich noch einmal um und verlor das letzte bisschen Würde und Anstand. Er öffnete seine Hose und pinkelte mich an. Alle drei lachten und ließen mich dort liegen. Ich rappelte mich auf die Beine und blickte auf mein Fahrrad. Es war kaputt.

Das war zu viel. Ich klaubte mein kaputtes Fahrrad vom Boden und schleppte es nach Hause.

Nicht weit von meinem Elternhaus war eine Eisenbahnlinie. Noch ehe ich zu Hause ankam, steuerte ich halb blind vor Scham und Schmerz direkt auf die Eisenbahnschienen zu. Ich wusste, dass dort in relativ kurzen Abständen Züge entlangfuhren.

Ich schmiss mein Fahrrad ins Gebüsch und ging auf das Gleisbett zu. Fast mechanisch legte ich mich hin und positionierte meinen Kopf auf den Gleisen. Noch war kein Zug in Sicht, aber ich wollte warten und mich einfach von ihm überrollen lassen. Es musste endlich zu Ende sein. Mein Gesicht war tränenüberströmt und ich zitterte vor Verzweiflung.

Bevor ein Zug in Sicht kam, wurde eine ältere Frau auf mich aufmerksam.

Sie sprach mich sofort an und stoppte mich. Sie nahm mich in den Arm und redete beruhigend auf mich ein. Schluchzend erklärte ich ihr, ich wolle mich umbringen, weil mein Leben schrecklich sei. Sie sagte mir, dass ich das nicht tun solle und dass es das nicht wert sei. Was genau sie gemeint hatte, ist mir bis heute ein Rätsel. Trotzdem war es Glück für mich, dass diese nette, alte Dame zur richtigen Zeit am richtigen Ort war. Sie begleitete mich nach Hause zurück und übergab mich meinen Eltern. Diese waren schon krank vor Sorge, da ich nicht zur üblichen Zeit zu Hause angekommen war. Sie sprach noch einige Augenblicke mit meinen Eltern. Ich erlebte die Szene nur noch wie im Traum. Ich war völlig erledigt und hundemüde. Ich hörte noch, wie die Frau sagte:

»Der Junge braucht auf jeden Fall Hilfe!«, dann schloss sich die Haustür und meine Eltern kümmerten sich um ihren aufgelösten Sohn. Dann durfte ich mich schlafen legen und schlief tiefer als je zuvor.

Der Junge braucht auf jeden Fall Hilfe – wie recht sie damit hatte ...

Kaputtes Fahrrad, fehlender Schulranzen, komplett nass gepinkelt und eine Frau, die von meinem Selbstmordversuch berichtete. Dieser Mobbing Vorfall blieb dieses Mal nicht unbemerkt. Ich wurde zum Psychologen gebracht. Falls Du jetzt denkst, mir wurde endlich geholfen, dann muss ich Dich leider enttäuschen. 1990 war Mobbing noch nicht so aktuell und anerkannt wie heute. Das Wort an sich gab es noch nicht einmal. Ich wurde in der Schule von anderen „gehänselt". Mehr war das damals nicht. Ich musste nur ein einziges Mal bei dem Psychologen vorstellig werden. Er sprach kurz mit mir, stellte einige Fragen, ich sollte einige Bauklötze zusammenbauen und das war es dann auch schon. Es ging bei diesem einen Termin nur darum, ein Gutachten zu erstellen, um abzuklären, ob ich weiter schulfähig war oder nicht. Er befundete, es gehe mir gut und damit war das Thema für alle Erwachsenen wieder erledigt. Für mich hingegen war das Thema noch lange nicht erledigt.

Mein Körper war durch die vielen Attacken mehr und mehr zerstört worden. Abgesehen von den traumatischen Erlebnissen und meiner ständigen Angst, wieder schikaniert zu werden, reagierte mein Körper auch mit anderen Symptomen. Gegen Ende der vierten Klasse, da war ich 10 Jahre alt, bekam ich eine sehr schwere Magenschleimhautentzündung. Die Krankheit war so schwer und so hartnäckig, dass ich ein halbes Jahr nicht zur Schule gehen konnte. Dann wieder einzusteigen hätte keinen Sinn gemacht, also blieb ich ein weiteres halbes Jahr zu Hause und setzte mit Beginn des 5. Schuljahres wieder ein. Ich hatte also ein ganzes Schuljahr verpasst. Damals waren die Klassenstufen 5 und 6 noch eine eigene Schulform, die sich Orientierungsstufe nannte. Diese Klassenstufen wurden zu meiner Zeit ebenfalls in der Grundschule unterrichtet.

Es war kein schlechtes Jahr. Dadurch, dass ich fast ausschließlich zu Hause war, gab es niemanden mehr, der mich verprügeln konnte. Die Mobbing-Attacken setzen für ein herrliches Jahr aus. Meine Eltern hatten sich liebevoll um mich gekümmert. Ich erinnere mich an sehr viel Suppe, Zwieback und Knäckebrot, das ich essen musste. Einmal fuhren wir sogar innerhalb von Deutschland in den Urlaub. Das war total schön und brachte mir sehr viel Erholung, sodass ich am Ende der Zeit auch wieder gesund war.

Übrig geblieben war nur mein Freund Emil. Er wohnte drei Straßen von mir entfernt und ich kannte ihn bereits aus dem Kindergarten. Er war kein Opfer der Mobbing-Attacken in der Schule, dafür aber leider ein Opfer seines gewalttätigen Vaters. Sein Vater war darüber hinaus auch noch Polizist. Allein deswegen hatte ich schon Angst mit ihm über irgendwas von unseren Leiden zu sprechen. Mit Emil traf ich mich noch relativ lange und relativ viel, bevor ich dann wieder in die Schule gehen musste. Schuljahr fünf und sechs standen ja noch bevor.

Die Schule lief also weiter. Ich kam wieder in eine neue Klasse, wieder kannte ich niemanden, wieder kam mir mein traumatisiertes Ich in die Quere und ließ mich keinen Kontakt zu meinen Mitschülern aufbauen. Ich zeigte mich zurückgezogen, still, merkwürdig und auch als nicht besonders schlau. Ich wurde wieder zum Außenseiter und Einzelgänger. Diesmal jedoch gab es keine Schüler, die es lustig fanden, mich zu mobben. Ich erinnere diese zwei Jahre trotzdem als schwer, weil ich so einsam war und dem Schulstoff nicht besonders gut folgen konnte. Ich kam nicht hinterher und schnell wurde ich zu dem „dummen Jungen", der nichts verstand und nicht hinterherkam. Irgendwann wurde ich ignoriert, ich wurde egal. Das war mir nur recht. Das war immerhin besser, als verprügelt zu werden.

Trotzdem bemühte ich mich, denn meine Eltern hatten mir beigebracht, dass Schule wichtig sei und dass ich unbedingt so gut es ging Lesen, Schreiben und Rechnen lernen müsse. Ich lernte also so viel und so gut, wie ich konnte und die Orientierungsstufe neigte sich dann irgendwann dem Ende entgegen. Ich sah dem Ende der Orientierungsstufe leider sehr fiebrig entgegen, denn ich hatte Angst davor auf die neue Schule zu gehen. „Werde ich wieder gemobbt?",

„Werde ich wieder verprügelt?", „Bin ich wieder der Außenseiter?" , „Bin ich wieder das Opfer?", diese und weitere Fragen drehten sich in meinem Kopf und raubten mir nachts den Schlaf.

Rasierklinge

Ich lenkte mich Fahrradfahren ab. Ich fuhr gerne mit meinem roten Fahrrad, mit dem weißen Sattel, durch die Gegend und suchte meine Lieblingsorte auf. Orte, an denen ich auf jedenfall allein war. In der Schule war ich nach wie vor ein Einzelgänger und die Freunde aus dem Kindergarten kannte ich schon lange nicht mehr. Meine Haare waren dunkler geworden und zeigten sich nun in einem wilden, struppigen, hellen Braun. Meine Augen strahlten blau wie eh und je.

Zu dieser Zeit war ich schon 12 Jahre alt und hatte einige Freunde außerhalb der Schule gefunden. Eines Nachmittags hatte ich sie zu mir nach Hause eingeladen. Sie gingen auf eine andere Schule, aber wir hatten uns zufällig einmal kennen gelernt. Sie wohnten alle im gleichen Ort. Wir trafen uns bei mir zu Hause und wollten mit einer kleinen Gartenparty, die Sommerferien begrüßen. Meine Eltern hatten zugestimmt und hielten sich im Haus auf, während wir den ganzen Garten für uns hatten. Ich erinnere mich, wie toll wir uns gefunden hatten. Wir allein, mit lauter Musik, Cola und Popcorn im Garten. Wir hatten den ganzen Gartentisch mit den leckersten Süßigkeiten und Knabbereien bedeckt. Jeder von uns saß auf einem Gartenstuhl darum herum. Es durchdrang uns ein Gefühl von „Wir können alles machen, was wir wollen!". Das meine Eltern noch im Haus waren, vergaßen wir nach und nach.

Gegen Abend wurden meine Freunde ausgelassener und aufgedrehter. Irgendwann wurden sie auch frecher und provokativer.

Plötzlich fing einer der drei Jungen an, mich zu beleidigen. Erst war es nicht so schlimm. Er machte sich darüber lustig, dass ich adoptiert bin und merkwürdig abstehende braune Haare hatte, obwohl sie auf meinen Babyfotos im Haus noch blond gewesen waren. Ich denke, zu diesem Zeitpunkt wollte er einfach noch witzig sein. Ich fand das jedoch überhaupt nicht lustig. Ich sprach ihn darauf an, warum er sich über mich lustig mache. Er erwiderte, das täte er ja gar nicht und ich solle mich nicht so anstellen. Das ließ ich aber nicht durchgehen. Ich blieb bei meiner Meinung, dass er sich über mich lustig mache und das er das gefälligst sein lassen solle. Unvermittelt drehte er den Spieß um und wurde wütend. Er sprang von seinem Stuhl auf und beschuldigte mich, dass ich ihn einen Lügner nenne.

»Willst du Stress, oder was?«, herrschte er mich an und sah mir drohend in die Augen.

»Nein, ich will nur, dass du damit aufhörst. Wir sind doch Freunde!«, antwortete ich ruhig und hielt seinem Blick stand. Dann passierte etwas für mich völlig Unerwartetes:

Er ballte seine Hand zur Faust und wollte mich damit schlagen. Ich zuckte zurück. Aber es passierte nichts. Er hatte seinen Hieb nur angetäuscht. Höhnisch lachte er.

»Seht ihn euch an, diesen Lappen. Bleich und ängstlich wie ein Hase«.

Er deutete mit dem Zeigefinger auf mich. Die anderen beiden Jungen, von denen ich bis eben auch noch dachte, sie wären meine Freunde, lachten ebenfalls.

»Hast du wirklich geglaubt, wir wären Freunde?«, fragte er gekünstelt freundlich. Stocksteif starrte ich ihn an. Dann beugte er sich zu mir herunter und sagte leise, aber bedrohlich:

»Du bist scheiße hässlich und der größte Depp, den ich kenne. Du kannst gar nichts und bist nicht mehr wert als eine Kakerlake! Wir haben nur so getan als ob wir deine Freunde wären, weil deine Eltern uns erlauben in eurem Garten Partys zu feiern«.

Er richtete sich wieder auf und grinste mich an. Ich sackte in meinem Stuhl zusammen und konnte nichts dazu sagen. Das war einfach zu unglaublich. Wir waren also gar keine Freunde. Ich war ausgenutzt worden, ohne es zu bemerken. Das traf mich wie ein Schlag. Ich hatte gar keine Freunde. Auch für sie war ich nur ein Opfer. Die Erkenntnis dieses tiefen Verrats warf mich mit aller Heftigkeit aus der Bahn. Wieder war ich allein. Wieder wollte mich keiner als Freund. Wieder war ich ein Niemand.

Wie durch einen Vorhang hörte ich sie lachend ihre Sachen packen und nach Hause gehen. Minutenlang saß ich wie festgewurzelt auf meinem Stuhl. Meine Mutter steckte nach einigen weiteren Minuten den Kopf durch die Terrassentür und fragte, wie das Treffen gewesen sei.

Was sollte ich ihr antworten? Ich presste ein »gut« aus meinem Mund und stand auf. Ich murmelte etwas von »Ich muss schnell *auf die Toilette«, quetschte mich an meiner Mutter vorbei und schloss mich im Badezimmer ein, während die Tränen schon flossen. Ich setzte mich auf den Boden, zog die Knie an den Körper und lehnte mich an die Tür. Ich steckte den Kopf zwischen die Knie und weinte. Meine Gedanken wirbelten. Ich fühlte mich Mutterseelen allein. Die Tränen liefen mir über das Gesicht wie kleine Wasserfälle. Und dann war das Maß endgültig voll.*

Ich wusste, dass im linken Hängeschrank Rasierklingen meines Vaters lagen. Damals benutzten die Männer noch echte Rasierklingen. Solche, mit denen man sich noch schneiden

konnte, wenn man den Winkel falsch traf. Ich stand auf, nahm mir eine frische Rasierklinge und kniete mich vor die Badewanne. Die Tränen liefen immer noch. Schniefend betrachtete ich meinen Arm. Ich wollte meinem Elend endlich ein Ende bereiten. Ich wollte nicht immer wieder erniedrigt, verletzt, ausgenutzt und enttäuscht werden. Plötzlich war ich davon überzeugt, dass es auch auf der neuen Schule so weiter gehen würde. Dass die Hänseleien wieder anfangen würden. Warum konnte das nicht endlich aufhören? Ich wusste es nicht, darum würde ich nun selbst dafür sorgen. Ich nahm die Klinge in die rechte Hand und setzte sie an meinen linken Unterarm. Es dauerte noch drei Sekunden. Drei lange Sekunden, in denen ich auf die Klinge auf meiner Haut starrte. Drei Sekunden, in denen ich mir überlegte, mein Leben zu beenden. Dann bohrte ich die Klinge in meinen Arm und zog. Die Haut zerriss. Es war ein ekliges Gefühl.

Meine Haut schrie und ein brennender Schmerz durchzuckte mich. Es brannte wie Feuer. Schlimmer noch. Wie in der Hölle persönlich drohte mein Arm zu verschmoren. Meine Tränen versiegten fast augenblicklich. Der Schmerz blendete alles andere aus. Blut quoll aus der Wunde. Ich konnte kaum atmen, bekam nur stoßweise Luft. Aber ich konnte atmen! Wie Schuppen von den Augen, fiel mir auf, dass ich ja noch lebte! Es tat so höllisch weh! Alles tat mir plötzlich weh, nicht nur der Arm. Ich sah das Blut aus meiner Wunde fließen, sah, wie das Blut meinen Arm hinab rann und den Boden des Badezimmers bedeckte. Mir wurde schlecht. Es hatte nicht funktioniert. Nicht mal umbringen konnte ich mich. Nicht mal der Tod wollte mich. Bei diesen Gedanken kamen die Tränen zurück. Weinend und mit schmerzenden, blutigem Arm wischte ich das Blut mit einem Handtuch vom Boden auf und wickelte mir das Handtuch dann um meinen Unterarm. Schluchzend stürzte ich aus dem Badezimmer und rannte durch den Flur in mein Zimmer. Meine Eltern waren immer noch unten im Wohnzimmer. Sie bekamen davon nichts mit.

Tafelkreide

Ich glaube, ich brauche nicht großartig erklären oder beschreiben, dass ich kein Genie in der Schule war, oder? Das kannst Du Dir sicher denken. Also wechselte ich mit 13 Jahren auf die örtliche Hauptschule. Egal welche Schule es nun geworden wäre, ich musste die Schule so oder so wechseln. Ich musste mich mit einer neuen Schule, einer neuen Klasse und vor allem mit neuen Menschen arrangieren.

Auch hier gab es wieder das ganze Brimborium. Abschiedsfest der Grundschule, erster Schultag, Rede von der Schulleitung, die Klasse findet zusammen, alle stellen sich vor und am Ende entsteht noch ein Klassenfoto.

Die Hackordnung in meiner Klasse war bereits nach der ersten Woche klar und es kam so, wie ich befürchtet hatte.

Wir waren etwa 18 Schüler, fast gleichmäßig aufgeteilt in Mädchen und Jungen. Es waren ganz unterschiedliche Charaktere. Es gab jedoch einen inneren groben Kern von Schülern, die sich cool fühlten. Sie gaben vor etwas Besseres zu sein und ließen das die anderen auch immer wieder spüren. Sie meinten, sie wären die Chefs und könnten alles supergut. Und irgendwie haben sie es geschafft, sogar die Lehrer davon zu überzeugen.

Traurig nahm ich zur Kenntnis, dass es Schüler jener Art waren, die ich schon während meiner Grundschulzeit kennengelernt hatte. Jedoch war ich diesmal nicht das einzige Mobbingopfer aus meiner Klasse. Stattdessen musste ich miterleben, wie auch viele andere meiner Mitschüler von diesen „besseren" Schülern gemobbt wurden. Die Gruppe suchte sich zwei Mädchen heraus, die nicht sonderlich attraktiv waren. Dazu kamen vier Jungs, unter anderem auch ich. Wir waren die Opfer.

Mein Sozialverhalten hatte sich bis hierhin ja nicht gebessert oder verändert. Im Gegenteil. Über die Jahre, ohne psychologische oder therapeutische Hilfe, war ich weiter in mir selbst gefangen und sah mich nicht in der Lage mich aus dem Strudel herauszuholen. Wie wurde man beliebter? Wie war man „normal"? Und wer sollte mir das beibringen? Nacht für Nacht brach mir der Angstschweiß angesichts des kommenden Tages aus.

Es ging alles von vorne los und ich wusste keinen Ausweg. Zu Hause spielte ich wieder vor, dass alles okay wäre. Doch das war es natürlich nicht. Ich hatte Angst etwas loszutreten und noch schlimmer schikaniert zu werden, wenn ich meinen Eltern oder der Schulleitung etwas erzählte. Ich wollte auch keine Petze sein. Das hätten sie mir übel heimgezahlt.

Mutig überlegte ich mir, dass ich den Spieß doch einfach mal umdrehen könnte. Bei einer neuen Attacke sprach ich die Schüler auf ihr Mobbing an. Ich wollte ihnen den Wind aus den Segeln nehmen. Ich eröffnete ihnen, dass sie recht hätten. Ich sagte ihnen, dass ich wüsste, dass ich nichts wert bin. Sie bräuchten es mir nicht immer wieder sagen.

Ich konnte die maximale Verblüffung in ihren Gesichtern sehen und wie durch ein Wunder ließen sie von mir ab. Leider nur an diesem einen Tag. Stattdessen hatte ich es schlimmer gemacht. Am nächsten Tag bekam ich die Quittung für meine kühne Ansprache.

Obwohl der gestrige Tag mit meiner Ansprache nicht sehr gut für mich ausgegangen war, hatte ich mich wieder einmal tapfer aus dem Bett gekämpft und mich auf den Weg zur Schule gemacht. Es war eigentlich ein sehr schöner Morgen. Die Sonne schien und es wurde langsam Sommer. Um das Klassenzimmer zu erreichen, bin ich immer über den Schulhof gegangen. Ich habe nie den Haupteingang benutzt. So auch an diesem Morgen. Als ich den Schulhof überquerte, kam mir bereits einer meiner Peiniger entgegen. Er grinste schon von weitem und mein Magen verzog sich unangenehm zu einem Knoten. Ich wusste, dass ich bestimmt wieder für irgendwas herhalten musste. Nur, was war es diesmal? Was hatte er vor? Ich sah, dass er weisses Puder an den Händen hatte. Ich fragte mich für einen kurzen Augenblick, was das sein mochte, als er mich aus meinen Gedanken riss.

»Na, hast du wieder Creme im Gesicht?«, fragte er frech grinsend im Vorbeigehen.

Ich antworte nicht. Auch wusste ich nicht, was er meinte, fasste mir aber unwillkürlich ins Gesicht, um mögliche Reste von irgendwas wegzuwischen. Aber da war nichts.

Ich ging durch das Schulgebäude und erreichte mein Klassenzimmer. Die Klassentür stand offen. Immer noch nichts ahnend schmiss ich meinen Rucksack neben meinen Tisch und setzte mich auf meinen Platz, in der letzten Reihe. Misstrauisch schaute ich mich um.

Die meisten meiner Mitschüler waren natürlich schon da. Ich kam immer so spät wie möglich. Zu meiner Linken waren die Fenster, geradeaus schaute ich auf die zugeklappte Tafel und zu meiner Rechten war die Klassenzimmertür, durch ich eben gerade eingetreten war. Es war alles wie immer. Trotzdem war ich voller Unbehagen. Hier stimmte etwas nicht. Meine „Lieblings"-Schüler saßen beieinander, tuschelten, grinsten und schauten hin und wieder zu mir herüber. Aber das taten sie auch sonst immer.

Als unsere Lehrerin hereinkam, wurde sie nur halbherzig beachtet. Es dauerte einige Augenblicke, bis das Getuschel nachließ. Wir hatten Deutschunterricht. Als sie die Klasse zur Ruhe ermahnt und endlich alle ihr Material auf dem Tisch hatten, übten wir Aufsätze schreiben. Dafür schrieb sie Beispielwörter an die Tafel, mit denen man Sätze sinnvoll beginnen oder überleiten konnte. Als ihr der Platz nicht mehr ausreichte, klappte sie die Tafel auf und schlagartig brach wildes Gelächter los. Überrascht riss ich die Augen auf. Mein Herz rutschte mir in die Hose. Ich konnte nicht glauben, was ich da sah. Blitzartig durchzuckte mich Schmerz und Traurigkeit. Als ob eine Faust mein Herz zerquetscht.

Ein riesiges Tafelbild zierte die Innenfläche der grünen Tafel. Mein Name stand in großen Buchstaben in der Mitte. Rundherum standen die schlimmsten Beleidigungen, die man sich hätte ausdenken können. Dort standen Worte, die so weit unter die

Gürtellinie gingen, dass ich sie hier noch nicht einmal erwähnen möchte. Ich musste alles lesen. Auch alle meine Mitschüler konnten lesen, was da geschrieben stand. Ich fühlte mich wie geprügelt. Ein Ziehen machte sich bemerkbar. Es kroch mir bis zum Hals hoch. Während ich meine Sachen zusammenpackte, liefen mir schon die ersten Tränen übers Gesicht. Einige Schüler lachten immer noch. Das war einfach zu viel. Es war so erniedrigend, so verletzend und so unfair. Womit hatte ich das nur verdient? Wortlos rannte ich aus der Klasse.

Ich ging sofort nach Hause. Das konnte ich nicht aushalten. Meine Eltern fragten mich, was passiert sei, warum ich schon wieder zurück sei, doch ich antwortete ihnen nicht. Ich konnte es nicht. Mal wieder nicht.

Trotz dieser öffentlichen Mobbing-Attacke gegen mich, unternahm die Schule nichts. Auch die Lehrerin war nicht in der Lage gewesen, die Schüler zu bändigen, geschweige denn uns etwas beizubringen. Sie wurde nicht ernst genommen. Von niemandem. Vor allem nicht von den „Chef-Schülern". Aus heutiger Sicht weiß ich, dass auch sie gemobbt worden ist. Und zwar von ihren eigenen Schülern. Auch meine Eltern unternahmen weiterhin nichts. Aber ihnen kann ich nichts vorwerfen, denn sie wussten von rein gar nichts.

Nach der Tafelbild-Attacke wurde meine Rolle als Opfer natürlich immer weiter ausgenutzt. Es kam irgendwann sogar dazu, dass die „Chef-Schüler" andere Mitschüler und sogar Schüler aus anderen Klassen auf mich hetzten. Sie sollten mich schlagen, beleidigen, mich beklauen, auslachen und was auch immer ihnen sonst noch einfiel. Es wurde von Tag zu Tag schlimmer und unerträglicher. Ich hatte schon viele Jahre Mobbing ertragen, ausgehalten und überlebt, aber langsam konnte und wollte ich nicht mehr. Wie viel kann ein Mensch ertragen? Es schien, als wollten sie das herausfinden. Aber ich wollte es nicht herausfinden. Ich wollte einfach nur meine Ruhe. War das denn wirklich zu viel verlangt? Den einzigen Ausweg, den ich jetzt noch sah, war die Schule zu schwänzen.

Schulschwänzer

Was anfangs nur eine leise Brise gewesen war, entwickelte sich in meinem Kopf zu einem wahren Sturm. Zu einem Wirbelsturm, der schrie und tobte und in meinem Kopf immer wieder die Worte „Ich-will-nicht-mehr-in-die-Schule!", brüllte. Ich wollte partout nicht mehr zu dem Ort meiner Peinigung zurückkehren. Ich wollte keine Mitschüler mehr sehen. Ich wollte nicht mehr geschlagen und beleidigt werden. Ich war es satt das Opfer zu sein!

Also bin ich die letzten beiden Schuljahre nicht mehr zur Schule gegangen. Klingt einfach. War es natürlich nicht. Es war mit viel Aufwand und mit einigen Versuchen verbunden, die durchaus auch mal scheiterten.

Als Erstes musste ich zum Beispiel meine Eltern anlügen. Sie sollten schließlich nicht erfahren, dass ich nicht mehr zur Schule ging. Das hätten sie ja sonst nicht zugelassen. Beide waren zu dieser Zeit berufstätig, es war anfangs also nicht schwierig, sie zu hintergehen. Ich spielte ihnen vor, dass ich morgens das Haus verließ, um zur Schule zu gehen. Ich machte mich auf den Weg in Richtung Schule, hielt mich einige Zeit draußen auf und wenn beide dann zur Arbeit gefahren waren, ging ich wieder nach Hause. Meiner Schule schien das relativ egal zu sein. Meiner Klassenlehrerin fiel erst nach einem knappen halben Jahr auf, dass ich nicht mehr zum Unterricht kam.

Als ich aufgeflogen war, holte mich die Polizei ab, um mich wieder zur Schule zu schleifen. Ich ließ es über mich ergehen und fuhr mit. Aber selbst die Polizei konnte man austricksen, wenn man wollte. Sie brachten mich direkt zum Schulleiter, von dem ich mir brav eine Predigt anhörte. Danach brachte er mich dann zu meiner Klasse und meiner Klassenlehrerin. Ich ließ auch die erste Unterrichtsstunde brav über mich ergehen. Sobald der Lehrerwechsel anstand und die nächste Stunde beginnen sollte, schnappte ich mir meine Sachen und haute einfach wieder ab.

Doch diese Zeit währte auch nicht lang. Es gab ein Gespräch mit meinen Eltern, den Lehrern und dem Direktor der Schule. Ich wurde gezwungen, noch ein paar Monate zur Schule zu gehen und die Prüfungen abzulegen. Das war aber so gut wie unmöglich. Ich hatte schon zu viel Unterricht verpasst. Was sollte dabei noch herauskommen? Ich musste aber die Schule besuchen. Es war meine Pflicht und die musste ich erfüllen.

Folgsam ging ich zwar wieder regelmäßig zur Schule, aber ich blieb stets nur so lange, wie ich wollte. Ich distanzierte mich von der Schule, von den Lehrern, von allem. Ich machte nur noch, was ich wollte und wann ich es wollte.

Ich orientierte mich in dieser Zeit praktisch völlig neu. Mittlerweile war ich groß gewachsen, dünn und schlaksig geworden. Meine braunen Haare wuchsen wild und typisch der 90er vor sich hin. Ich interessierte mich nicht für Mode und so kleidete ich mich stillos und langweilig. Möglichst unauffällig eben. Ich wollte nicht herausstechen, wollte nicht gut aussehen. Ich verbrachte die Tage viel draußen und war viel öfter unterwegs. Ich ging ständig neue Wege, fuhr mit dem Fahrrad oder mit dem Bus in die Stadt. Bald kannte ich meinen Wohnort und alle angrenzenden Orte besser als mein eigenes Kinderzimmer. Ich hätte meinen Hund Fuzzy zu dieser Zeit sehr gerne immer dabeigehabt, aber er wurde langsam alt und schlief lieber in seinem Körbchen als draußen unterwegs zu sein. Durch mein vieles Umherstreifen und „Herumlungern" lernte ich plötzlich Menschen kennen und baute sogar einen kleinen Kreis von Bekannten und Freunden auf. Zum ersten Mal fühlte ich mich so, als gehörte ich irgendwo dazu. Ich war nicht mehr der Außenseiter, wie in all den vergangenen Jahren in der Schule. Ich verspürte ein Gefühl von Freiheit. Ich hing mit Jugendlichen ab. Wir besuchten jeden Tag das örtliche Jugendzentrum und machten Dinge, die für Jugendliche normal waren. Für mich war das allerdings nicht normal. Ich wusste ja gar nicht mehr, was normal war und was nicht. Ich war bis zu dieser Zeit immer Einzelgänger gewesen und es fühlte sich erfüllend schön an, dass ich einer „Clique" folgen konnte und schöne Momente erleben durfte. Menschen waren für mich plötzlich interessanter geworden. Mit 16 wurden sogar Mädchen und die Dinge, die Jungs und Mädchen zusammen machen können, auf meinem Teenagerradar sichtbar. Weitere Ausführungen erspare ich Dir an dieser Stelle.

Diese Erfahrung lehrte mich, dass es eben auch Menschen wie Julia und meine Clique gab. Menschen, die mich nicht schikanierten und mobbten. Menschen, die mich mochten und denen es einfach darum ging, mit mir Kontakt zu haben und sich mit mir zu treffen. Julia war ein hübsches und cooles Mädchen. Wir wurden ein Paar.

Aus heutiger Sicht würde ich unsere Clique als „Gangster" bezeichnen. Die Jungs nahmen Drogen, rauchten oder tranken Alkohol. Ich tat es ihnen nie gleich. Für mich sind Drogen, Zigaretten und Alkohol bis heute keine Optionen, um sich die Zeit zu vertreiben. Sie zogen kleinere Kinder ab und trieben noch andere illegale Geschäfte, die ich hier lieber nicht erwähne. Wir waren düstere Gestalten, aber es war mir egal, denn irgendwie hatte ich es geschafft, dazu zugehören. Dafür hätte ich alles getan.

Ich erinnere mich sehr lebhaft daran, dass jeder in dieser Clique eine Art Funktion hatte. Wenn man so will, war ich die rechte Hand des „Anführers". Dadurch wurde jeder von uns unverzichtbar. Das war ein berauschendes Gefühl. Da waren mit einem Mal Menschen, die mich dabei haben wollten! Für die ich nützlich war. Ich fühlte mich respektiert und akzeptiert. Es war so unglaublich neu für mich, dass es mich fast süchtig machte, mit diesen Menschen unterwegs zu sein. Schule rückte immer weiter in den Hintergrund meiner Interessen.

1996. Ich wurde 17 Jahre alt und das Ende meiner Schulpflicht kam in Sicht. Trotz der ganzen Zeit, in der ich so gut wie nie in der Schule gewesen war, schaffte ich mit Ach und Krach tatsächlich meinen Hauptschulabschluss. Wobei ich Dir an dieser Stelle verraten kann, dass mir die Schule den Abschluss mehr geschenkt hat, als dass ich ihn je verdient hatte, aber auch das war mir egal. Ich hatte immerhin einen Abschluss. Jetzt hatte ich zwar den Abschluss in der Tasche, aber trotzdem keine Perspektive. Mein Abschluss war schlecht, eine Ausbildung zu finden war nahezu unmöglich und ich wusste nicht, wie es weitergehen sollte.

Ich übte ein paar kleine Nebentätigkeiten aus. Zeitungen verteilen, Sachen auf dem Flohmarkt verkaufen und diverse andere Tätigkeiten, bei denen man ein kleines Taschengeld verdienen konnte. Ich lebte so in den Tag hinein und wohnte immer noch bei meinen Eltern. Ohne Ausbildung, ohne festen Job, ohne Idee was ich mit meinem Leben machen sollte.

Zu dieser Zeit starb unser Dackel Fuzzy an Altersschwäche. Ich war unsagbar traurig darüber. Es war, als sei ein guter und langjähriger Freund verstorben. Ich konnte das nur schwer ertragen, aber der Tod gehörte zum Leben, wie die Geburt. Meinen Eltern erging es ähnlich. Sie entschieden sich gegen einen neuen Hund, denn sie wollten es nicht mehr ertragen müssen, wenn wieder einmal die Zeit des Abschieds kommen würde. Ich konnte das verstehen. Fuzzy hatte ein riesiges Loch hinterlassen. Irgendwie war die Welt nicht mehr so fröhlich, das Haus nicht mehr so voller Leben und da war niemand mehr, der sich auf mich freute, wenn ich nach Hause kam. Meine Freundin Julia jedoch war noch immer an meiner Seite und für mich da. Das machte meine Situation zwar erträglicher, aber nicht weniger aussichtslos.

Was sollte nur aus mir werden?

Nutzloser Zivi

Meine Eltern ließen mich geduldig bei sich wohnen. Ich bin ihnen bis heute dankbar dafür. Hätten sie mir Druck gemacht, weiß ich nicht, was als Nächstes passiert wäre.

Mit 18 Jahren stand meine Musterung an. Ich wollte nicht zur Bundeswehr. Auf keinen Fall wollte ich zu diesen machtgeilen Männern und wieder Mobbing erfahren. Ich war felsenfest davon überzeugt, dass es so kommen würde. Dementsprechend zittrig fühlte ich mich am Tag der Musterung.

Wie durch ein Wunder wurde ich jedoch ausgemustert. Für die Bundeswehr war meine körperliche Verfassung zu schlecht. Danke liebe Bundeswehr! Für jeden anderen wäre das wohl eine Beleidigung gewesen, ich jedoch, nahm es als Geschenk des Schicksals dankend an.

Julia wohnte gar nicht so weit von mir entfernt, aber ohne Auto war die Verbindung wirklich sehr schlecht. Die Fahrerei zu ihr hin und wieder zurück, nervte mich irgendwann so sehr, dass wir uns nicht mehr häufig sahen. Und obwohl ich ihr kurz nach meiner Ausmusterung noch freudig erzählt hatte, dass ich keinen Wehrdienst machen musste, trennten wir uns noch am selben Abend. Es war kein großer Verlust. So war ich wenigstens die Fahrerei los und konnte mich auf meine Zukunft konzentrieren, denn auch wenn ich für den Wehrdienst nicht geeignet war, für den Zivildienst waren meine Qualifikation und meine Verfassung ausreichend. Da musste ich durch und ich wehrte mich auch nicht. In den 90ern war es noch selbstverständlich, dass man einen Zivildienst ableistete oder zum Wehrdienst ging.

Mir wurde vorgeschlagen meinen Zivildienst in einer Werkstatt für behinderte Menschen (WfbM) zu absolvieren. Für mich war das okay. Sogar mehr als okay. Ständig mit der Angst lebend, wieder gemobbt werden zu können, fühlte es sich sicher an, in einem sozialen Unternehmen zu arbeiten. Gesagt, getan. Ich stellte mich dort vor und wurde genommen. Die Einrichtung, in der ich anfangen durfte, war eine Werkstatt für Menschen mit geistigen und/oder körperlichen Beeinträchtigungen aller Art. Die zu betreuenden Menschen wurden morgens mit einem Fahrdienst gebracht und abends wieder abgeholt. Die Werkstatt erhielt Aufträge von großen Firmen, um Dinge zu verpacken, herzustellen oder anderweitig verkaufsfähig zu machen. Die Menschen mit Behinderung führten diese Tätigkeiten aus und dann konnte die Ware in den Geschäften angeboten werden, in denen wir als gesunde Menschen sie kaufen konnten. Ein wunderbarer Kreislauf und ein Ort, an dem Menschen, die aufgrund ihrer Behinderung nicht auf dem ersten Arbeitsmarkt arbeiten können, einen Platz in der Gesellschaft fanden. Meine und die Aufgabe der Mitarbeiter bestand darin, diese Menschen in ihrem Arbeitsalltag zu begleiten. Das hieß, den Arbeitsprozess betreuen, unterstützen, hier und da etwas erklären, neue Arbeit holen, oder zeigen, wo die Arbeit zu finden war.

Es wirkte vielversprechend und ich startete positiv gestimmt in meinen Zivildienst.

Doch anstatt eine echte Chance zu bekommen, wurde mir wieder einmal gezeigt, dass ich nichts konnte:

Schon nach einer Woche bat mich die Einrichtungsleitung um ein Gespräch und erklärte mir, dass dieser Job nichts für mich sei. Sie erklärten mir, dass ich kein Betreuer sei, sondern eher derjenige wäre, der hier betreut werden müsse. Außerdem hatte ich mit 18 Jahren auch noch keinen Führerschein. Das sollten die beiden Argumente sein, deretwegen ich dort nicht bleiben durfte. Um es nochmal auf Deutsch zu übersetzen: Ich wurde hochkant rausgeschmissen.

Ich habe es leider nie ganz verstanden. Ich war lernfähig und gewillt zu arbeiten. Sie hätten mir alles beibringen können. Den Führerschein hätte ich auch bald gehabt, ich war schon kurz vor der Prüfung gewesen.

Aber dieser Prozess, ob er nun gerechtfertigt war oder nicht, vermittelt Dir jetzt vielleicht einen Eindruck davon, wie kaputt meine Erscheinung war. Lang und dünn, verwilderte braune Haare, wahllos zusammen gewürfelte Klamotten und hängende Schultern. Dazu kein Selbstbewusstsein und kein Selbstwertgefühl und hellblaue Augen, die traurig und leer aus ihren Höhlen geschaut haben müssen.

Es war verzwickt. Wieder stand ich vor dem Nichts.

Zu Weihnachten des gleichen Jahres (1997) lernte ich Ina kennen. Sie war als Weihnachtsmann verkleidet und verteilte Flyer, als sich unsere Blicke begegneten und wir uns kennenlernten. Was auch immer sie in mir sah, es gab mir Aufschwung, Zuversicht und neues Selbstbewusstsein zurück. Als hätte mich das Schicksal erhört, bekam ich durch private Kontakte kurz darauf das Angebot, meinen Zivildienst in einem Krankenhaus absolvieren zu dürfen. Hoch erfreut, da ich ja sowieso keine Alternative hatte, nahm ich die Stelle dankbar an.

Mein Zivildienst dauerte ein Jahr. Insgesamt also 12 Monate, in denen ich auf verschiedenen Stationen eingesetzt worden war und viel über das Thema Gesundheit und Pflege von kranken Menschen lernen konnte.

Die erste Station nannte sich „Bettenzentrale". Dort wurden alle Betten hingebracht, die nach einer OP, oder einem Patientenwechsel gereinigt, desinfiziert und neu bezogen werden mussten. Diese Aufgabe wurde natürlich gerne an Zivis weitergegeben. Wir waren zu viert auf dieser Station und durften zwei Monate lang täglich ungefähr 100 Betten neu beziehen. Ich muss ganz ehrlich zugeben, dass ich seitdem nicht mal mehr mein eigenes Bett gerne frisch beziehe. Es war eine anstrengende und nervige Aufgabe und ich rolle noch heute gerne mit den Augen, wenn ich an diese Zeit zurückdenke.

Die nächsten acht Monate verbrachte ich auf der Station namens „Bauchchirurgie". Ich erinnere mich an eine Frau, ende 60 mit einem großen Tumor in der Luftröhre.

Schwungvoll öffnete ich die Tür zum Patientenzimmer und ging zum Bett der Patientin, die ich zum Röntgen bringen sollte.

»Hallo Frau Iwanow, ich möchte Sie für Ihren Röntgentermin abholen«, sagte ich freundlich.

»Röntgen?«, wiederholte Frau Iwanow. Sie verstand nur sehr wenig Deutsch.

»Ja, Sie haben eine Untersuchung beim Arzt«, versuchte ich die Situation zu übersetzen.

Beim Wort „Arzt" horchte sie auf.

»Arzt? Ok«, sagte sie knapp und nickte dabei. Sie setze sich auf und schwang die Beine aus dem Bett. Ich schob schnell einen Rollstuhl neben das Bett und sie setzte sich hinein. Sie kannte das schon. Ich brachte sie öfter irgendwo hin und holte sie wieder ab. Ich schob sie zum nächsten Fahrstuhl und drückte auf das Symbol. Es leuchtete auf und wenige Augenblicke später gingen die Fahrstuhltüren ratternd auf. Ich wollte sie gerade hineinschieben, da kam eine Pflegerin um die Ecke gesaust.

»Björn, warte noch kurz!«, rief sie.

»Was ist?«, fragte ich.

»Bitte sag den Kollegen unten, dass sie Frau Iwanow zum Röntgen nicht hinlegen dürfen.

Der Tumor schnürt ihr sonst die Luftröhre ab.«

»Alles klar, das gebe ich weiter«, versprach ich und schob Frau Iwanow in den Fahrstuhl. Als sich der Fahrstuhl ratternd in Bewegung setzte, fing die Frau leise an zu sprechen. Ich konnte sie nicht verstehen, denn sie sprach russisch. Trotzdem klang unheilvoll in meinen

Ohren. Fast wie ein düsteres Mantra.

Als die Türen aufflogen, schob ich sie den Gang hinab bis zu der Tür mit der Aufschrift

„Bauchchirurgie". Noch ehe ich mich bemerkbar machen konnte, steckte eine Kollegin den Kopf durch die Tür.

»Ah! Da seid ihr ja schon. Wunderbar«, sagte sie und trat auf den Flur heraus.

»Ich übernehme ab hier, danke Björn«, sagte sie und bedeutete mir damit, dass mein Dienst hiermit erledigt war.

Ich trat zur Seite, damit sie Frau Iwanow hineinschieben konnte.

»Ich soll euch noch sagen, dass ihr Frau Iwanow beim Röntgen nicht hinlegen dürft«, begann ich, doch sie unterbrach mich.

»Ja ich weiß, ich wurde schon angerufen. Trotzdem Danke fürs Bescheid sagen«, sagte sie lächelnd und verschwand mit Frau Iwanow zum Röntgen. Ich nickte und fuhr wieder nach oben auf meine eigene Station.

Später erfuhr ich, dass Frau Iwanow gestorben war. Sie hatten sie beim Röntgen hingelegt. Ein Fehler, den die Frau mit ihrem Leben bezahlt hatte. Diese Erfahrung machte mich mehrere Tage sehr traurig. Sie hatten es alle gewusst und dennoch war es passiert. Es war kaum auszuhalten. Aber damit musste man in einem Krankenhaus rechnen. Dort wurden nicht immer alle Menschen wieder gesund. Manchmal starben sie auch.

Ich verbrachte parallel auch viel Zeit auf der „Intensivstation", weil deren Zivi ausgefallen war. Im Laufe der Zeit lernte ich auch die „Quarantänestation" kennen.

Auf der Intensivstation fühlte ich mich am Ende am wohlsten. Es war eine Station, auf der viel Ruhe herrschte. Man hatte viel Kontakt zu Angehörigen, die ihre Lieben besuchten, oder zu Patienten die schwer krank oder verletzt waren, oder sogar schon mehrere Monate im Koma lagen. Doch die Freude hielt nicht lang an. Du kannst Dir sicher denken, was jetzt kommt: Ich wurde wieder das Mobbing-Opfer.

Das etablierte Pflegepersonal wusste nicht recht mit mir umzugehen. Ich hatte keine Ausbildung in der Krankenpflege. Ich war kein Auszubildender und hatte auch sonst keine Qualifikationen vorzuweisen. Ich war ein Zivildienstleistender. Nicht mehr, nicht weniger. Das führte dazu, dass ich eigentlich wie Dreck behandelt wurde. Anstatt mir die Abläufe zu zeigen, die ich nicht so gut konnte, wurde ich dafür verurteilt, meine Aufgaben nicht gut genug und nicht schnell genug erledigt zu haben. Vielleicht kennst Du die Situation: Du gibst Dir wirklich viel Mühe, erledigst deine Aufgabe nach bestem Gewissen und hinterher wird dir penibel aufgezeigt, was noch immer nicht gut genug oder sogar falsch war.

Es hieß, ich sei zu langsam. Ich sei nicht gut genug, indem was ich tat. Ich passe nicht rein. Ich könne das alles nicht richtig.

Ich versuchte mich zu rechtfertigen und erklärte ihnen immer wieder das scheinbar Offensichtliche: Ich war doch nur der Zivi und für diesen Job nicht ausgebildet! Doch die Gespräche halfen nur wenig. Vielleicht war ich ja tatsächlich etwas tollpatschig und langsam, aber ich hätte es lernen wollen und können, wenn sich einer Zeit für mich genommen hätte.

Leider konnte ich aus internen Gründen nur halbtags auf der Intensivstation beschäftigt werden. Die andere Tageshälfte wurde ich immer auf den anderen Stationen eingesetzt. Auf jenen Stationen, auf denen auch die Kollegen waren, die mir nichts zutrauten und mich das auch immer wieder spüren ließen.

Ich bekam immer die Aufgaben zugeteilt, die im Endeffekt niemand gerne machen möchte. Toiletten putzen, oder Erbrochenes und andere Körperflüssigkeiten von Patienten entfernen, um nur einige Beispiele zu nennen. Natürlich gehört das zu dem Job dazu, aber wenn man spürt, dass einem diese Aufgaben aus Rache, Macht oder als Bestrafung zugeteilt werden, dann fühlt man sich wieder klein, erniedrigt, wertlos und es macht keinen Spaß. Im Gegenteil. Es belastete mich und frustrierte mich. Natürlich wurde ich davon auch getriggert. Es erinnerte mich stark an meine Schulzeit zurück.

Meine Freundin Ina gab mir immer wieder Hoffnung und erinnerte mich daran, dass mein Zivildienst ein Ende haben würde. Wie recht sie hatte! Als es so weit war, war ich wieder einmal sehr froh darüber, dass ein Lebensabschnitt beendet war. Ich konnte wieder aufatmen. Ich musste diese Menschen nie wieder sehen.

Aber was nun?

Verspannt

Ina hatte oft Nackenschmerzen und eine verhärtete Muskulatur. Ich massierte sie regelmäßig und obwohl ich massieren ja nie gelernt hatte, konnte ich ihre Blockaden lösen. Sie wohnte in der Nähe einer Kurklinik und kannte sich mit den Örtlichkeiten dort etwas aus. Sie brachte mich auf die Idee, mich dort um einen Ausbildungsplatz zum Masseur zu bewerben. Ich fand die Idee gut. Ich hatte die Arbeit mit Menschen noch immer nicht aufgegeben. Sie nahmen mich und ich konnte die Ausbildung beginnen. Es war eine wirklich schöne Zeit. Ich lernte viel über den menschlichen Körper. Wie er beschaffen war, woraus er bestand und welche Druckpunkte es gab, um muskuläre Blockaden zu lösen. Es machte wirklich viel Spaß und wie durch ein Wunder wurde ich in dieser Zeit nicht Opfer für Mobbing oder Ähnliches.

Wir hatten zweimal die Woche Unterricht in einer externen Berufsschule. An den anderen Tagen fand der praktische Teil in der Kurklinik statt. Der praktische Teil gefiel mir natürlich ausgesprochen gut. Der schulische Teil war unangenehm. Diesmal nicht, weil ich gemobbt wurde, sondern weil die Theorie für mich sehr schwer zu lernen war. Wir mussten jeden Muskel, jeden Knochen und jede Sehne auswendig benennen können. Mit meiner wenigen Schulerfahrung gestaltete sich das sehr schwierig für mich. Ein weiterer Aspekt waren Frauen. Mein Teenagerköper hatte sich langsam dem eines Mannes angenähert und ich begann mich besser zu kleiden. Durch meine Freundin Ina hatte ich gelernt, mein Äußeres besser zu pflegen und herzurichten. Meine Haare bekamen einen ordentlichen Schnitt, mein Gesicht war markanter geworden, meine Augen ausdrucksstärker und ich trug einen Bart. Ich hatte viele weibliche Mitschülerinnen und durch mein doch recht attraktiv gewordenes Äußeres, machten mir einige der Frauen Avancen. Die schlug ich natürlich aus, da ich bereits in einer Beziehung war. Du denkst jetzt bestimmt, dass das doch nichts Schlimmes sei. Das es für mich doch eher ein Kompliment sei, wenn mich Frauen attraktiv und anziehend finden. Mit meinem, bis hierher geschundenen Selbstwertgefühl konnte ich aber leider kaum bis gar nicht damit umgehen. Es war mir unangenehm. Es war mir peinlich gemocht und begehrt zu werden. Leider. Ich kannte immer nur das Gefühl der Ablehnung. Mich nun einer bescheidenen Beliebtheit zu erfreuen, konnte ich nicht ertragen.

Etwa nach einem halben Jahr musste ich dann paralell die Ausbildung zum medizinschen Bademeister beginnen. Diese war Teil der Ausbildung zum Masseur. Das war mir nicht bewusst gewesen. Oder ich hatte es verdrängt. Klar war für mich nur, dass ich nicht mit Wasser arbeiten wollte. Ich wollte mit meinen Händen arbeiten und Menschen heilen.

Aufgrund meines kindlichen Traumas zum Thema Wasser hatte ich zu der Zeit nicht einmal ein Seepferdchen und hätte alle Prüfungen, mindestens bis zum silbernen Schwimmabzeichen, nachholen müssen. Das war mir zu viel. Ich war motiviert, aber die Hürde, auf Zwang die ganzen Prüfungen für den Bademeister zu bestehen, war schlicht viel zu hoch. Kurzerhand brach ich diese Ausbildung ab. Das erste Mal in meinem Leben setzte ich eine Grenze.

Wie es der Zufall wollte, wurde mir als Alternative angeboten, in der ansässigen Kurklinik eine Ausbildung zur „Intensivstationshilfe" zu machen. Wundere Dich nicht, heute gibt es diese Ausbildung so nicht mehr. Aus Alternativlosigkeit und aufgrund der Tatsache, dass ich quasi nur den Zivildienst als ausbildende Maßnahme genossen hatte, nahm ich das Angebot an. Ich zog die Ausbildung durch und bestand sie. Anschließend arbeitete ich weiter in der Klinik und in diesem Beruf. Ich hatte erstmal sicheren Boden unter den Füßen. Es war ein Anfang.

Leider merkte ich schnell, dass die Arbeit nur die eine Seite der Medaille war. Mit dem dürftigen Gehalt als Stationshilfe kam ich nicht weit. Ich wollte mein Leben aber alleine finanzieren können. Ich wollte mit 20 Jahren nicht mehr bei meinen Eltern wohnen müssen. Eine eigene Wohnung und ein eigenes Auto. Das waren meine Ziele. Es dauerte auch nicht mehr lange, da erfüllte mich dieser Beruf nur noch so wenig, wie Katzen Wasser lieben. Und im Gegensatz zum aktuellen Generationstypus kündigte ich. Einfach so. Weil ich es konnte. Das hätte im Jahr 2000 wohl niemand sonst gewagt. Meine Freundin Ina trennte sich parallel von mir. Sie hielt meine Unzufriedenheit nicht mehr aus. Und wieder stand ich vor dem Nichts. Aber erfinderisch, wie ich war, konnte ich mich auch diesmal aus meiner Lage heraus-kämpfen. Du kommst nie darauf wie.

Selbst und ständig

Meinen Führerschein hatte ich mittlerweile bestanden, aber ohne Job, bekam ich kein Geld und ohne Geld konnte ich immer noch nicht ausziehen, oder mir ein Auto kaufen. Also ließ ich mir etwas einfallen. In der ersten Zeit sammelte ich Möbel vom Sperrmüll und verkaufte diese im Internet. Ich kam mir zwar wie der letzte Penner vor, aber Not machte erfinderisch. Das war auch damals schon so. Und es funktionierte.

Ein damaliger Freund hatte zur gleichen Zeit ein Geschäft in einer großen Stadt. Er verkaufte dort Kunst und Designermöbel aus zweiter Hand. Als mich der Sperrmüllverkauf nicht mehr weiterbrachte, half ich ihm mit seinem Geschäft. Ich übernahm die Fotografie, die Erstellung seiner Logos, das Webdesign und kümmerte mich auch um die Printmedien. Ich brachte mir die nötigen Kenntnisse dafür einfach selbst bei. Das lief sehr gut. Wir verstanden uns gut, meine Arbeit wurde wertgeschätzt, ich fühlte mich wohl. Mit dem Computer kam ich gut zurecht und lernte den Umgang mit diesem Medium sehr schnell und sehr erfolgreich. Es ging bergauf. Niemand mobbte mich, niemand kritisierte mich, endlich konnte ich mal etwas.

Ein Jahr später, mit 21 lernte ich über ein Online-Dating Portal eine neue Frau kennen. Nach einigen Nachrichten und Telefonaten verabredeten wir uns zu einem Date. Die Chemie stimmte sofort. Friederike war eine schöne und liebevolle Frau. Eine Frau, wie ich sie mir immer gewünscht hatte. Sie war etwa 1,70 m groß, hatte strahlend grüne Augen und lange blonde Haare. Sie war schlank, hatte ein wunderschönes Lächeln und vor allem ein riesiges, großes Herz. Wir waren viel zusammen unterwegs und erlebten in dieser Zeit viele schöne Momente. Die Beziehung festigte sich und wir verbrachten eine wunderbare Zeit miteinander. Sie hatte gerade ihre Ausbildung zur Erzieherin abgeschlossen und war auf der Suche nach ihrem ersten Arbeitsplatz. Sie war Anfang zwanzig und wohnte noch bei ihren Eltern. Der Sprung in die Berufswelt gelang ihr nicht so, wie sie sich das vorgestellt hatte. Sie fand keinen passenden Arbeitsplatz für sich und arbeitete als Überbrückung für einige wenige Stunden in einem Hort.

Leider war ich finanziell und beruflich immer noch abhängig von Jemandem. Ich war abhängig von meinem Freund, der mir Arbeit gab. Nachdem mir langsam aber sicher die Fahrerei zu viel wurde, orientierte ich mich wieder neu. Was könnte ich tun? Wo könnte ich arbeiten, ohne gemobbt zu werden? Das Risiko wieder in einem Unternehmen zu landen, in dem ich gemobbt werden würde, war riesig und die Angst davor, dass es passieren könnte, unüberwindbar für mich. Aber welche Lösung konnte es geben?

Mit 23 Jahren machte ich mich selbstständig. Ich eröffnete meine eigene Werbeagentur, inklusive Möbelladen. Dafür mietete ich 2004 meinen ersten eigenen Laden als Büro und

Gewerbefläche an. Er befand sich in der großen Stadt, die an meinem Wohnort angrenzte. Zwei Tage die Woche öffnete ich mein Geschäft für Kunden zum Verkauf für Designermöbel aus zweiter Hand, die restlichen Tage nutzte ich ihn als Büro für meine Werbeagentur. Mein Geschäft war erfolgreich und wuchs. Ich stieg die Karriereleiter schneller hinauf, als ich gucken konnte.

Mit 24 zog ich endlich von zu Hause aus. Es war ein großartiges Gefühl. Als wäre ich endlich in meiner langersehnten Freiheit angekommen. Das Schicksal schien mir endlich wohlwollend gegenüber zustehen und mein Leben lief wie am Schnürchen. Ich war sehr stolz. Ich hatte mich vom Mobbing-Opfer zum selbstständigen Unternehmer hochgearbeitet. Passenderweise wurde die Wohnung über dem Laden, den ich angemietet hatte, frei und so zog ich natürlich sofort dort oben ein. Es war eine kleine, aber süße Wohnung und sie ersparte mir natürlich jede Menge Arbeitsweg und Fahrzeit, wodurch es einfach perfekt passte.

Um diesen, für mich völlig neuen und ungewohnten, Lebensstil halten zu können, musste ich mich natürlich entsprechend intensiv um mein Unternehmen und die Kundenbetreuung kümmern. Meine Werbeagentur mit dem Möbelverkauf hatte für mich höchste Priorität. Leider nahm die Selbstständigkeit sehr viel Zeit in Anspruch. Man arbeitet eben selbst und ständig. Neben all meinen Geschäftsterminen, Verkäufen, Aufträgen, Meetings und abendlichen Veranstaltungen litt meine Beziehung schrecklich unter meinem vollen Terminplan. Ich war ehrlich gesagt sogar recht beziehungsfaul geworden und ließ unsere Beziehung schleifen. Friederike war zu dieser Zeit (leider) das komplette Gegenteil von mir. Sie hatte immer noch keinen Job gefunden, wohnte immer noch bei ihren Eltern und wurde zunehmend unmotivierter, etwas an ihrer Situation zu ändern. Gleichzeitig fand sie es richtig ätzend, dass ich so wenig Zeit für sie hatte. Vermutlich fand sie es auch doof, dass ich so erfolgreich geworden war und sie nicht. Aber das ist nur reine Spekulation. Wir redeten immer weniger miteinander und hatten uns schon ein gutes Stück weit auseinandergelebt, bevor ich es merkte.

Um die Beziehung zu retten und vor allem, um ihrer trägegewordenen Lebensweise und Lebenseinstellung entgegenzuwirken, startete ich den Versuch, sie in ihrer beruflichen und damit auch in ihrer persönlichen Entwicklung zu unterstützen. Ich unterbreitete ihr ein paar Vorschläge, wo sie einen Job finden könnte. Sie war daran interessiert und so setzte ich sie in mein Auto und fuhr mit ihr total überstürzt und ohne Bewerbungsunterlagen zum nächsten Kindergarten, um sie voranzutreiben. Aus heutiger Sicht war es natürlich mehr als naiv zu glauben, dass sie ohne Bewerbungsunterlagen direkt einen Job bekommen würde. Damals jedoch hatte es geklappt. Sie sollte direkt am nächsten Tag zum Probearbeiten vorbeikommen. Das Probearbeiten lief super, sie war engagiert, motiviert und wurde genommen.

Falls du Dich erinnerst: Ursprünglich war meine Intention ja gewesen, unsere Beziehung zu retten.

Leider erreichte ich mit der Hilfe und der Unterstützung bei Friederikes Jobsuche eigentlich das Gegenteil. Die Tage, die wir sonst intensiv zusammen verbracht hatten, wurden durch ihren Job noch seltener als vorher. Ich war stark ausgelastet und musste weiterhin viele Termine wahrnehmen, die oft auch relativ weit weg von zu Hause waren. Friederike war ihrerseits nun auch regelmäßig am Arbeiten und die ohnehin schon geschwächte Beziehung bröckelte noch weiter. Meine Arbeit mit der Werbeagentur füllte mich komplett aus. Neue Bekanntschaften und Geschäftsbeziehungen brachten mich mit Menschen in Kontakt, die noch viel mehr Ehrgeiz, mehr Erfahrung, aber vor allem auch viel mehr Erfolge vorzuweisen hatten, als ich. Diese Menschen inspirierten mich und brachten mich persönlich weiter. Meine eigene Freundin hingegen leider nicht.

Eines Tages waren Friederike und ich auf dem Weg zu einer geschäftlichen Event-Party. Ich hatte das Auto gerade geparkt, da fingen wir an, uns mal wieder zu streiten. Plötzlich wurde mir klar, dass ich die Beziehung und das Leben mit ihr, so nicht mehr wollte. Ich beendete unsere Beziehung noch während wir im Auto saßen. Sie fing sofort an zu weinen. Sie war natürlich sehr traurig. Sie fand es schade und meinte, dass wir der Beziehung noch eine Chance geben sollten. Doch für mich war die Sache klar.

Auch als wir uns zum Abschied das letzte Mal getroffen hatten, war nichts mehr von unserer Liebe vorhanden. Jedenfalls war es bei mir so. Für Friederike war es mit Sicherheit wesentlich schwieriger gewesen, mir ein letztes Mal gegenüberzutreten. Schließlich hatte sie unserer Beziehung noch eine Chance geben wollen. Wir sprachen nicht viel miteinander. Kalt sah ich ihr in ihre großen, grünen Augen, die vor Kummer und Traurigkeit glänzten. Ich meinte nur, dass ich ihr alles Gute wünsche. Sie könne nun ihr Leben gestalten und ich meines. Irgendwann würden wir uns sicher einmal wiedersehen. Dann ging ich und glaubte nicht wirklich an meine eigenen Worte.

Jetzt frei und ungehindert, konnte ich mein Geschäft stärker denn je vorantreiben. Im Rahmen meiner Arbeit lernte ich ein halbes Jahr, nach der Trennung von Friederike, eine neue Frau kennen. Sie hieß Frauke und war vom äußeren Erscheinungsbild her fast das komplette Gegenteil von Friederike. Sie hatte dunkelbraune Haare, einen dunkleren Hauttyp und ein Feuermal im Gesicht. Sie arbeitete damals als Verkäuferin in einem Bekleidungsgeschäft. Sie war witzig und charmant. Mit ihr hätte ich Pferde stehlen können. Wir hatten eine harmonische und schöne Zeit zusammen und waren ein glückliches Paar. Wir trafen uns auf dem Höhepunkt meiner finanziellen Möglichkeiten. Neben den teuren Autos, die ich fuhr, meiner Rolex und meinen teuren Klamotten kam ich mir in meiner Wohnung plötzlich fehl am Platz vor. Also machte ich mich auf die Suche nach einem Haus. Wie es der Zufall wollte und der Zufall meinte es in diesen Jahren wirklich gut mit mir, fand ich eines. Eine weiße Doppelhaushälfte in dem Vorort, aus dem ich stammte und sogar nicht weit von dem Haus meiner Eltern entfernt. Ich brauchte auch keine Finanzierung, ich kaufte das Haus in bar. Mit 25 Jahren war ich also plötzlich Hauseigentümer.

Zusammen mit Frauke renovierte und sanierte ich das Haus und ein halbes Jahr nach mir, zog auch Frauke ein. Die Familienplanung konnte beginnen. Das Haus hatte nicht viele Räume, aber jede Menge Platz, einen Garten und eine schöne lange Auffahrt. Ein besonderer Schnitt, gebaut in den 70er Jahren. Es ist übrigens das Haus, in dem ich noch heute wohne und jetzt gerade sitze, während ich diese Zeilen verfasse.

Ungefähr ein dreiviertel Jahr, nachdem Frauke und ich ein Paar geworden waren, stand ich 2005 eines Tages in einem Bekleidungsgeschäft und war auf der Suche nach einem neuen T-Shirt. Es war ein schöner Tag, ich hatte mir ein wenig Zeit frei geschaufelt und wollte die Zeit nutzen, meinen Kleiderschrank ein wenig aufzupeppen. Frauke hatte mich etwas in diese Richtung geschubst. Offensichtlich lief ich gerade nicht mehr ganz zeitgemäß durch die Gegend, also wollte ich meinen Kleiderschrank etwas auffrischen. Ich schaute die Kleidungsstücke durch und schob Kleiderbügel für Kleiderbügel weiter. Irgendwie gefiel mir das alles nicht so ganz. Kein Wunder, dass ich mir so lange nichts Neues gekauft hatte. Das war ja alles zum Weglaufen! Die Verkäuferin war auch keine Hilfe. Aufgeregt und offenbar hocherfreut einen kaufinteressierten Kunden zu haben, wirbelte sie durch den Laden und brachte mir ein T-Shirt nach dem anderen. Eines schrecklicher als das Nächste und alle waren sie blau.

„Blue Turquoise" war nämlich gerade die Trendfarbe für 2005. Ich trug leider nur ungern blau, also kam das nicht in Frage.

»Bitte, haben Sie nicht auch noch T-Shirts in anderen Farben da?«, fragte ich schon fast flehentlich.

»Das wird schwierig, aber wir werden schon etwas für Sie finden, machen Sie sich keine Sorgen!«, sagte sie freundlich und wackelte auf ihren hohen Absätzen schon wieder davon.

Sorgen machte ich mir allerdings! Ich hatte keine Lust, das Geschäft am Ende des Tages, als Kanarienvogel oder Meeresbiologe zu verlassen.

Ich steckte in einem Dilemma. Jedenfalls war es das größte Problem, dass ich derzeit als Dilemma bezeichnen konnte. Ich widmete mich gerade wieder den vielen Kleidungsstücken, da bemerkte ich im Augenwinkel, wie eine Person an mich herantrat. Ich dachte, die Verkäuferin sei schon wieder zurück, drehte mich zu ihr um und wollte gerade zu einem Satz ansetzen, da stockte mir der Atem. Es war nicht die Verkäuferin. Es war eine Frau und als sich unsere Blicke trafen, erkannte ich sie. Diese grünen Augen würde ich überall wieder erkennen: Es war Friederike!

Das Geschenk

Vollkommen überrumpelt starrte ich sie an. Ich erkannte sie kaum wieder. Es schien, als habe sie in der Zeit nach unserer Trennung eine komplette Typveränderung durchgemacht. Vorher war sie blond und sehr schlank gewesen, hatte ein wundervolles Gesicht, grüne Augen und strahlte stets viel Lebensfreude aus. Jeder hätte sie damals als „schöne Frau" bezeichnet. Nun jedoch war nicht mehr viel von ihrer alten Schönheit und ihrer Freude zu erkennen. Sie machte einen traurigen und ratlosen Eindruck. Man könnte fast sagen, sie sah geschafft und fertig aus. Ihr ehemals langes, blondes Haar war mittlerweile schwarz gefärbt und kurz geschnitten. Ihr Gesicht sah dadurch blass und älter aus. Sie hatte deutlich zugenommen und wirkte bei Weitem nicht mehr so gesund und munter wie damals.

Nach einem kurzen, verhaltenen Smalltalk kamen wir dann etwas tiefgründiger ins Gespräch. Ich kannte sie gut genug, um zu merken, dass sie etwas zurückhielt, über das sie gerne reden wollte. Aber sie brachte es nicht über die Lippen. Kurz darauf drängte sie, dass wir uns unbedingt nochmal treffen und reden müssten, da es etwas Wichtiges zu besprechen gäbe. Etwas, dass wir auch besser in Ruhe besprechen sollten. Da es die Situation nicht anders hergab, tauschten wir kurzerhand unsere neuen Handynummern aus. Meiner Freundin Frauke erzählte ich erstmal nichts von diesem Treffen und auch nicht, dass wir planten, uns noch einmal zu treffen.

Noch ahnte ich ja nicht, was auf mich zukommen würde. Ein paar Tage später hatten wir uns für den kommenden Samstagmorgen verabredet.

Der Himmel war bedeckt, aber der beginnende Frühling erwärmte die Luft bereits. Ich entschied mich für eine leichte Jacke. Ich fuhr mit dem Auto in die Stadt und parkte es so nah am Marktplatz wie möglich. Friederike und ich hatten uns dort in einem Café verabredet. Ich stieg aus und schaute in den Himmel. Ich wollte Kraft sammeln. Ich wusste ja nicht, was mich erwarten würde, aber irgendwie hatte ich das Gefühl, dass es nichts Gutes sein würde. Warum wollte sie mich so dringend sehen? Was hatte sie so Wichtiges zu sagen, dass es nicht per Telefon ging? Der Himmel war grau und irgendwie spendete er mir nicht so richtig Energie. Ich straffte die Schultern und lief los. Ich passierte das Rathaus, dessen Turmuhr gerade zu schlagen begann. Ich war also pünktlich. Mit großen Schritten überquerte ich das grobe Kopfsteinpflaster des Marktplatzes und konnte schon von weitem erkennen, dass sie schon da war. Sie hatte sich einen Platz an einem der Tische draußen ausgesucht. Ich schaute wieder in den Himmel. Es war zwar bedeckt, aber nach Regen sah es nicht aus. Als ich näher kam, bemerkte ich zu meiner großen Überraschung, dass sie nicht allein gekommen war. Verdutzt blickte ich auf das, was neben ihr stand. Meine Ex-Freundin hatte einen Kinderwagen dabei.

Als ich das Café erreichte, beschäftigte sie sich gerade lächelnd mit dem Baby, das darin lag. Sie schaute auf, als sie mich bemerkte und begrüßte mich freundlich.

»Hallo Björn, toll das du es geschafft hast.«
Ich begrüßte sie ebenfalls und setzte mich ihr gegenüber an den kleinen, runden Tisch.
Staunend betrachtete ich den Kinderwagen.
»Ist das Dein Kind?«, fragte ich sie ungeniert. Etwas anderes fiel mir nicht ein, um das Gespräch zu beginnen. Außerdem war ich viel zu verwirrt. Da hatte sie aber direkt Nägel mit Köpfen gemacht. Wir waren ja erst ein Jahr getrennt gewesen.
»Ja, das ist mein Kind«, antwortete sie und sah mich dabei etwas betreten an.
»Das hat mit deinem neuen Freund dann ja echt schnell geklappt. Herzlichen Glückwunsch zur Geburt!«, polterte ich verlegen und spontan. Eigentlich wusste ich ja gar nicht, ob sie einen neuen Freund hatte. Mir war es zwar noch ein Rätsel, wie sie so schnell schwanger geworden war, aber ich wollte mich für sie freuen. Offenbar hatte sie einen Neuanfang geschafft. Nur ihr Gesichtsausdruck passte nicht so recht dazu.
»Dankeschön«, murmelte sie leise und senkte dabei den Blick zu dem Kinderwagen.
Ich wartete. Ich wusste nicht, was ich sagen sollte. Aber sie schwieg weiter und schaute zu ihrem Kind.
In diesem Augenblick kam die Kellnerin und erlöste uns aus dieser peinlichen Situation.

»Hallo ihr Zwei, was darf ich euch bringen?«, fragte sie und lächelte uns freundlich an. Ein dunkler Pony umrahmte ihr Gesicht und ihr langer Pferdeschwanz fiel ihr den ganzen Rücken hinab. Hätte ich hier allein gesessen und keine Freundin gehabt, hätte mich diese junge Frau durchaus interessiert.

Ich schaute Friederike an und ließ ihr mit einer Handbewegung den Vortritt.

»Ich nehme einen Latte Macciatto.« Die Kellnerin notierte sich die Bestellung und schaute anschließend mich an.

»Ich hätte gerne eine heiße Schokolade.« Sie notierte sich auch das.

»Alles klar«, sagte sie knapp, schnappte sich die Karten, die noch auf unserem Tisch lagen und eilte weiter. Während ich ihr nachschaute, schweifte mein Blick umher. Es war viel los. Trotz des merkwürdigen Wetters. Das Café war voll und auch der Marktplatz war mit Menschen gefüllt. Alte und junge Menschen, Singles, Familien, Kinder, Studenten... die Stadt war gefüllt mit Leben.

Ich konzentriere mich wieder auf Friederike.

»Wie geht es Dir? Kommst Du klar?«, fragte ich, um einen neuen Anfang zu machen. Sie schaute mich an und lächelte schwach.

»Ja...mir gehts gut. Es ist etwas anstrengend mit der Kleinen, aber sonst ist alles ok.«

»Das ist ja schön. Ich freue mich für Dich.«

Wieder lächelte sie verlegen. Ein kurzes Lächeln, bevor es wieder erstarb. Ihr Verhalten verriet mir, dass sie immer noch

89

zurückhielt, weswegen wir uns getroffen hatten. Langsam stieg in mir der Verdacht auf, dass hier etwas nicht stimmte. Doch was war es?

Einige Augenblicke lang schaute sie über den Marktplatz in die Ferne. Ich konnte sehen, dass sie durch alles hindurch sah. Sie beobachtete nicht die Menschen, sondern war tief in Gedanken versunken. Plötzlich wurde ihre Miene ernst. Sie drehte den Kopf zu mir, sah mich mit ihren großen, grünen Augen direkt an und sagte:

»Das Kind ist von Dir.«

Ich erstarrte. Der Schock saß tief. Meine Gesichtszüge entglitten mir. Regungslos und mit weit aufgerissenen Augen starrte ich sie an. Die Welt blieb stehen. Alles wurde still. Sämtliche Geräusche um mich herum erstarben. Was hatte sie gesagt? Das Kind sei von mir? Ich schaute zu ihr, zum Kinderwagen und wieder zurück. Ich hatte gerade erfahren, dass ich Vater war. Tausend Gefühle wirbelten in mir durcheinander. Unfähig etwas zu sagen, stand ich auf, setzte mich auf den freien Stuhl direkt neben meine Ex-Freundin und schaute ebenfalls in den Kinderwagen. Da lag sie. Ein lilafarbener Body mit einem Einhorn, einem Herzchen und einem Regenbogen. Kleine, blaue Augen, die mich anschauten. Kein Geschrei. Nur ein lächelndes, aufgewecktes Gesicht, welches mich anstrahlte und in dessen blaue Augen ich schauen durfte. Glück durchströmte mich! Seliges, vollkommenes Glück. Ich war Vater. Dieses wunderbare, kleine Wesen vor meinen Augen war meine Tochter! Ich konnte es noch gar nicht fassen. Reflexartig umarmte ich Friederike. Als wir uns wieder voneinander

lösten, lächelte sie mich an. Erleichterung stand in ihren Augen.
Ich vermute, sie war froh darüber, dass ich mich freute und nicht
sauer war. Tausend Fragen wirbelten derweil wild durch meinen
Kopf.

»Warum hast du nicht schon früher etwas gesagt?«, fragte ich
sie atemlos und immer noch fassungslos vor Glück.

»Ich hatte lange nach unserer Trennung noch Gefühle für dich,
aber ich wollte dich durch unsere Tochter nicht zwingen, wieder
mit mir zusammen zu kommen.«

Perplex schaute ich sie an. So war sie. Das war Frederike. Be-
scheiden und mit dem größten Herz ausgestattet, das ich bislang
getroffen hatte. Was für eine fantastische Frau sie doch war.
Trotzdem wich meinem Glück plötzlich Traurigkeit. Langsam si-
ckerte die Erkenntnis durch mich hindurch, dass ich etwas ver-
passt hatte. Etwas Wichtiges. Ich hatte die Geburt meines eigenen
Kindes verpasst. Das erste Mal Windeln wechseln. Das erste Le-
bensjahr. Einfach alles. Ich war nicht da gewesen. Habe nicht für
mein Kind sorgen können.

»Wie heißt sie?«, fragte ich und holte mich damit ins Hier und
Jetzt zurück.

»Sie heißt Lea«, antwortete sie und Stolz schwang in ihrer
Stimme mit.

Die Kellnerin kam zurück und brachte uns unsere Getränke.
Wie ferngesteuert nahm ich einen Schluck von meinem Kakao, saß
einfach nur da und starrte mein Kind an. Plötzlich wusste ich es:
Ich war 25 Jahre alt und Vater einer einjährigen Tochter namens

Lea. Obgleich aller Überraschung, Überforderung und des ersten Schocks war ich überglücklich.

Noch heute bekomme ich eine Gänsehaut und verdrücke auch gerne die eine oder andere Träne, wenn ich mich an diesen Moment zurückerinnere. Wenn wir uns nicht zufällig beim Einkaufen getroffen hätten, hätte ich vermutlich nie von der Existenz meiner Tochter erfahren. Friederike und ich hatten bis dato keinen Kontakt gehabt und auch von Freunden oder Bekannten war nichts zu mir durchgedrungen. Möglicherweise hätte ich meine Tochter erst kennen gelernt, nachdem sie 18 geworden wäre und sich auf die Suche nach ihrem leiblichen Vater gemacht hätte. Trotz allem war ich mit der Situation dort im Café mehr als überfordert gewesen. Ich treffe mich mit meiner Ex-Freundin und diese stellt mir meine Tochter, mein Kind, mein eigenes Fleisch und Blut vor. Einfach so. Das war eine krasse emotionale Erfahrung.

Im weiteren Verlauf der Gespräche erfuhr ich, dass Friederike ohne mein Wissen die Pille abgesetzt hatte. Zeitlich kam es mit ihrer Schwangerschaft genau hin. Wir hatten kurz vor unserer Trennung das letzte Mal Geschlechtsverkehr gehabt und die Kleine war nun fast ein Jahr alt. Sie hatte nach der Geburt noch nicht einmal angegeben, wer der Vater des Kindes war und machte mir deutlich, dass sie auch weiterhin vorhatte, unser Kind alleine großzuziehen. Zusammen mit ihrer Familie. Eine Beziehung mit mir kam für sie überhaupt nicht mehr in Frage. Sie hatte immer noch die damalige Situation im Kopf, wie ich mit ihr Schluss gemacht hatte. Sie konnte sich emotional nicht davon freimachen, dass ich sie damals so sehr verletzt hatte. Darauf reagierte ich sofort und intuitiv. Auch wenn eine gemeinsame Zukunft zwischen uns beiden nicht mehr denkbar war, war es mir dennoch wichtig, meine Tochter ab jetzt regelmäßig zu sehen und ein gewisses Maß an Verantwortung für sie zu übernehmen. Das konnte sie verstehen und erlaubte mir, dass ich Lea besuchen und auch für ein paar Stunden alleine mit ihr unterwegs sein durfte. Darüber hinaus gab es aber keinen Spielraum. Für mich war das alles akzeptabel. Hauptsache ich würde meine Tochter aufwachsen sehen können.

Belebtes Leben

Mein Leben hatte sich quasi über Nacht komplett geändert. Ich hatte jetzt ein Kind, das neue Aufgaben und neue Verantwortung mit sich brachte. Zwar wohnten wir nicht zusammen, aber die Tatsache, dass ich Vater war, löste immer wieder Glücksgefühle in mir aus. Gerade wenn meine Tochter und ich Kontakt miteinander hatten, nahm ich diese Glücksgefühle immer gern mit nach Hause.

Friederike bat mich eindringlich darum, dass ich weder Freunden noch Bekannten, etwas von unserem gemeinsamen Kind erzählen solle. Anfangs tat ich das auch nicht. Doch nach etwa einem Jahr, konnte ich meinen Stolz und meine Freude nicht länger zurückhalten. Ich erzählte meinen Eltern und meinen engsten Freunden von Lea und auch, dass ich über ein Jahr lang nichts davon gewusst hatte. Mein Umfeld reagierte sehr positiv auf diese Neuigkeit. Sie wollten Lea kennen lernen und alles über sie wissen. Ich erzählte von ihr und zeigte Fotos, aber Friederike wollte nicht, dass ich Lea wildfremden Menschen vorstellte. Im Endeffekt lernten also nur meine Eltern meine kleine Tochter kurz kennen.

Meine eigene Freundin Frauke wusste während all dieser Zeit nach wie vor nichts von alldem. Ich hatte es ihr nie erzählt. Immer wenn ich losfuhr, um Friederike und Lea zu sehen, behauptete ich einfach, ich würde mich mit einem

Kumpel treffen oder geschäftlich unterwegs sein. Diese Lüge war glaubhaft und sie hatte nie Verdacht geschöpft.

Trotzdem trennten wir uns 2006, nach zwei Jahren Beziehung voneinander. Sie zog aus meinem Haus aus und plötzlich hatte ich jede Menge Platz und auch viel mehr Gelegenheiten und ganz andere Möglichkeiten, um Lea zu sehen und mit ihr etwas zu unternehmen.

Leider durfte ich Lea nicht sehr häufig sehen. Eine Regelmäßigkeit gab es auch nicht. Maximal einmal in der Woche, nie an festen Tagen und auch nur für ein paar Stunden, weil Friederikes Lebensgefährte mich auf den Tod nicht ausstehen konnte. Ich ließ Friederike oft ein wenig Geld zukommen, damit sie davon Aktivitäten, Spielsachen und andere schöne Dinge für unsere Tochter finanzieren und organisieren konnte. Das war mir sehr wichtig. Ich wollte sie unbedingt unterstützen. Egal auf welche Weise.

Trotz aller Freude über unsere gemeinsame Zeit spielte die gewollte Distanz zwischen ihr und mir eine große Rolle in unserem persönlichen Verhältnis zueinander. Auf gar keinen Fall wollte sie, dass die Harmonie zwischen uns dazu führen könnte, dass wir wieder Gefühle füreinander entwickeln würden, die zu einer erneuten Beziehung führen könnten. Wir hatten also ein rein freundschaftliches Verhältnis zueinander. Sie betonte aber immer wieder, wie schön sie es fände, dass ich mich so für sie und das Kind interessiere und mich so stark für die beiden einsetzte. Ohne das Wort „Beziehung" hatten wir fast sogar ein besseres Verständnis zueinander als vorher.

Nach Frauke hatte ich erstmal nur noch kurze und nicht ernst gemeinte Beziehungen. Immer nur so für ein oder zwei Monate. Manchmal traf ich über Anzeigen im Internet auf Frauen, die einen Mann nur für die eine Sache suchten. Du weißt bestimmt, was ich meine.

Das war okay für mich. Auf eine „richtige" Beziehung hatte ich eh gerade keine Lust. Meine Tochter hatte alle anderen Wünsche aus meinem Kopf verbannt.

2007 wurde ich 27 Jahre alt und entdeckte wieder einmal eine interessante Anzeige im Internet. Diesmal aber ganz anderer Natur. Ein Paar aus Mitteldeutschland wollte ihren Schäferhund abgeben. Die beiden hatten sich getrennt und beide konnten ihn nicht in das Neue zu Hause mitnehmen. Ich fuhr hin, um den Hund kennenzulernen. Vielleicht könnte er mein neuer Begleiter werden. Oder der meiner Eltern. Denn so ganz konnte vor allem meine Mutter nicht ohne Hund leben. Einsamkeit machte sich bei ihr breit. Ich war mir also noch nicht ganz sicher, für wen ich den Hund holen wollte.

Als ich die angebende Adresse erreichte und ein riesiges Haus mit einem ebenso riesigen Garten vorfand, fand ich es fast traurig, ihn hier herausreißen zu müssen. Es sah nach dem perfekten zu Hause für einen großen Schäferhund aus.

Ich klingelte an der Haustür und die Frau machte mir die Tür auf. Kurz darauf stürmte der Hund auch schon an ihr vorbei und begrüßte mich freudig. Keine Spur von Misstrauen. Ich erfuhr, dass er Leon hieß. Leon, ein riesengroßer Schäferhund und schwarz, wie die Nacht. Er war zwar schon 2,5 Jahre alt, hatte aber noch nicht so richtig viel von der Welt gesehen, stellte ich später fest. Als ich ihn sah, war jedenfalls klar, dass ich ihn mitnehmen wollte. Nach Abwicklung der Übergabe sprang er so bereitwillig in mein Auto, als ob er genau wüsste, wohin er jetzt gehörte und dass er bereit war in ein neues Leben zu starten.

Meine Tochter Lea sollte Leon natürlich kennenlernen und als ob es so gewollte gewesen wäre, verstanden die beiden sich ausgesprochen gut. Er war unglaublich freundlich zu Menschen, hatte allerdings einen stark ausgeprägten Jagdinstinkt. Genauso wie ich meiner Tochter die Welt erklärte, musste ich auch Leon die Welt zeigen. Er hatte anscheinend noch nicht so viel außerhalb seines Gartens gesehen, also behandelte ich ihn wie einen Welpen und zeigte ihm die Welt. Zusammen mit Lea gingen wir durch Wälder, über Felder, über Wiesen, ans Wasser, fuhren Bus und Rolltreppen und unternahmen so viel, wie uns irgend möglich war. Es war eine tolle Zeit. Das fröhliche Kind mit dem begeisterten Hund zu erleben, war die Krönung meines Lebens und nach all dem schrecklichen Mobbing und den Missbrauchserfahrungen wie Heilwasser für meine Seele. Es war wunderschön.

Mit 2,5 Jahren fing unsere Tochter langsam an zu sprechen. Viele ihrer ersten Worte sprudelten einfach so aus ihr heraus. Irgendwann fing sie sogar an, mich Papa zu nennen. Es war das schönste Gefühl meines Lebens. Ich weiß nicht, ob Du Kinder hast, aber wenn ja, weißt Du bestimmt genau, wovon ich rede.

Ich hatte zu dieser Zeit weiterhin viel Kontakt zu Friederike, die in der Zwischenzeit eine Beziehung zu einem anderen Mann eingegangen war. Glücklicherweise hatte ihr neuer Lebenspartner kein Problem mit mir und damit, dass mich meine Tochter „Papa" nannte und auch nicht, dass wir regelmäßig zu dritt oder sogar zu viert Zeit miteinander verbrachten. Er hatte die Situation und die Verhältnisse einfach so akzeptiert und so gab es keine zwischenmenschlichen Probleme, die uns Sorgen bereitet hätten. Meine Tochter war zu diesem Zeitpunkt fast 4 Jahre alt.

Um diese Zeit verlor ich leider meinen Laden. Die Vermieter hatten Eigenbedarf angemeldet und in einer total unschönen Auseinandersetzung war mein Vertrag gekündigt worden. Sowas Ärgerliches! Ich war wirklich verärgert darüber, denn noch einmal so günstige und gut gelegene Räumlichkeiten zu finden, war schwierig. Aber es nützte ja nichts. Ich machte mich also auf die Suche nach einem neuen Laden. Ich wollte mein Konzept genauso weiter fahren wie bisher.

Kurz darauf kam Lea in den Kindergarten, da Friederike wieder angefangen hatte zu arbeiten. Trotzdem waren wir noch oft zusammen unterwegs. Wir machten Spaziergänge und trafen Menschen, bestaunten Tiere im Streichelzoo, waren im Park oder im Wald unterwegs.

An einem schönen Sonntagnachmittag unternahmen Friederike, Lea und ich einen Ausflug an den Strand. Für März 2008 war es schon recht warm und so packten wir Decken, Jacken und Proviant ein und fuhren an einen nahegelegenen Sandstrand, um dort zu picknicken.

Lea spielte fröhlich mit ihren Förmchen im Sand. Friederike und ich unterhielten uns leise und genossen, Wetter, Sonne, Wasser, Kind und Strand. Zum Mittagessen hatten wir Joghurt, Obst, selbstgebackene Kekse und ein paar Nüsse dabei. Am Ende des Tages machten wir uns auf den Rückweg. Lea hielt meine Hand und spazierte mit mir durch den tiefen Sand. Friederike ging auf meiner anderen Seite.

»Papa, schau mal!«, rief sie auf einmal aufgeregt und deutete auf einen Vogel, der ein paar Meter vor uns im Sand stocherte.

»Das ist eine Möwe«, erklärte ich ihr.

»Wow!«, staunte Lea und ich erriet, dass sie so ein großes Exemplar wahrscheinlich noch nie zuvor gesehen hatte.

Wir kamen an unseren Autos an. Wir waren getrennt gekommen. Ich brachte Lea zum Wagen ihrer Mutter und ließ sie einsteigen. Sie brabbelte fröhlich vor sich hin, offensichtlich noch

immer beseelt, von den vielen Eindrücken des Tages. Währenddessen quälte ich mich damit ab, sie anzuschnallen.

Dieses akrobatische ins Auto beugen, um das Kind samt Kin-
dersitz anzuschnallen, war nie meine Lieblingsaufgabe gewesen
und sah bei anderen Eltern immer viel einfacher aus.

»Tschüß meine Süße, wir sehen uns nächste Woche wieder. Ich
hole dich ab«, sagte ich und wollte ihr noch einen Kuss auf die
Stirn geben, doch sie streckte die Hände aus und hielt mich davon
ab.

Überrascht blickte ich sie an.

»Was ist denn?«, fragte ich sie.

»Papa, du hast noch Kekse im Bart!«, sagte sie ernst und deutet
auf meine linke Wange.

Ich richtete mich auf und schaute verdutzt in den Außenspiegel
des Autos. Ich hatte Kekse im Bart? Ein Bild von großen, runden
Cookies, die in meinem Bart klebten, tauchten vor meinem inneren
Auge auf. Ich schmunzelte, als ich ein paar Krümel im Spiegel sah.

»Du hast recht!«, rief ich ihr zu und wischte die Krümel fort.

»So besser?«, fragte ich sie und zeigte ihr meine saubere
Wange.

»Ja«, strahlte Lea und zog mich in eine Umarmung. Ich gab ihr
einen Kuss auf die Stirn.

»Jetzt aber Tschüß mein Schatz«, sagte ich und richtete mich
abermals auf.

»Ich habe dich lieb!«, sagte ich noch und warf ihr einen Luft-
kuss zu.

»Ich dich auch!«, rief sie zurück und tat das Gleiche.

Ich winkte ihr, verabschiedetet mich von Friederike und stieg in mein eigenes Auto.

Mein Leben schien perfekt zu sein.

Arbeitsalltag

Am nächsten Tag war ich geschäftlich unterwegs. Am Nachmittag hatte ich einen Termin, etwa eine Stunde von meinem Heimatort entfernt, um Stühle zu besichtigen. Ich hatte diese Stühle günstig in einer Anzeige im Internet gefunden und wollte sie in meinem Laden wertgesteigert weiterverkaufen. Trotz dessen, dass mir meine aktuelle Ladenfläche gekündigt worden war, wollte ich nicht auf Schnäppchen verzichten und schon für den neuen Laden, Möbel einkaufen.

Ich parkte mein Auto direkt vor dem Haus. In der ruhigen Seitenstraße war nicht viel los. Ich stieg aus und bewunderte das Einfamilienhaus einen Moment. Es hatte einen leuchtend roten Klinker und stand auf einem großzügigen Grundstück. Ich klingelte an der Haustür und schon nach kurzer Zeit öffnete mir eine ältere Frau die Tür.

»Guten Tag, ich bin Björn Scholz und wegen Ihrer Stühle hier«, begrüßte ich die Frau freundlich.

»Hallo, ja, kommen Sie herein«, antworte sie lächelnd und lud mich mit einer Handgeste in ihr Haus ein.

»Die Stühle stehen gleich im Wohnzimmer. Gehen Sie gerade durch«, sagte sie, während sie die Haustür wieder schloss. Ich ging den geräumigen Flur entlang und öffnete die Tür, die zum Wohnzimmer führte. Die Stühle standen mitten im Raum. Es waren Holzstühle mit einem Gestell aus Metall. Das Holz war gut erhalten und die Stühle machten einen sehr gepflegten Eindruck.

Das war gut. Es würde einfach werden, sie gewinnbringend wie-
der zu verkaufen. Ich untersuchte die Stühle gründlich und
machte der Frau einige Komplimente.

»Sie sind in einem tollen Zustand, ich möchte die Stühle sehr
gerne mitnehmen«, sagte ich schließlich.

Die Frau lächelte mich an und sagte: »Da habe ich natürlich
nichts dagegen.«

Wir lachten. Irgendwie war das eine merkwürdige Konversa-
tion. Schließlich war ich ja hergekommen, um die Stühle zu kau-
fen.

Anschließend ging es nur noch um den Preis. Die Frau war
sehr hartnäckig und konnte sehr gut verhandeln. Sie wusste um
den Wert ihrer Stühle. Mitten in unseren Preisverhandlungen
klingelte plötzlich mein Mobiltelefon. Auf dem Display sah ich
Friederikes Namen. Ich runzelte kurz die Stirn. Es war unge-
wöhnlich, dass sie mich zu dieser Zeit anrief. Ich hatte das Gefühl,
dass es wichtig sein könnte.

»Entschuldigen Sie mich bitte, ich glaube, dieser Anruf ist
wichtig«, sagte ich zu der Frau in ihrem Wohnzimmer und drehte
mich etwas zur Seite.

»Natürlich, machen Sie nur«, antwortete sie verständnisvoll
und ging zu einer Gießkanne. Ich nahm das Gespräch an.

»Hallo?«.

»Björn? Hast du Lea vom Kindergarten abgeholt?«, fragte Fre-
derike ohne Begrüßung oder Erklärung. Sie klang ernst.

»Nein, habe ich nicht. Ich bin auch gar nicht zu Hause. Ich bin geschäftlich unterwegs.«

»Oh nein«, hauchte sie als Antwort und ihre Stimme zitterte jetzt.

»Wieso, was ist denn los?«, fragte ich verwirrt. Ich verstand die Aufregung nicht.

»Lea ist verschwudnen! Ich wollte sie gerade vom Kindergarten abholen, aber sie ist nicht mehr da!«, rief Frieda schluchzend durchs Telefon und klang dabei vollkommen aufgelöst.

Im Augenwinkel sah ich, dass die Frau angefangen hatte, ihre Blumen zu gießen.

»Was soll das heißen, sie ist verschwunden? Wo kann sie denn sein? Haben deine Eltern sie vielleicht abgeholt?«, fragte ich irritiert, aber immer noch gefasst.

»Das weiß ich nicht, ich erreiche sie nicht und hier ist sie nirgendwo«, gab Frieda verzweifelt zurück.

Für mich war es logisch, dass die Großeltern unsere Tochter vom Kindergarten abgeholt hatten. Wer sollte es sonst getan haben?

»Okay, bleib erstmal ganz ruhig und atme tief durch. Ich bin mir sicher, deine Eltern haben sie abgeholt. Vielleicht sollte es eine Überraschung werden. Probiere einfach weiter sie zu erreichen. Es klärt sich bestimmt bald alles auf.«

»Ich hoffe, du hast recht«, weinte Friederike ins Telefon und klang alles andere als überzeugt.

»Und melde dich bitte, wenn du etwas neues weißt«, schob ich noch schnell hinterher, aber eigentlich war das nicht nötig. Ich kannte Friederike. Das hätte sie sowieso getan.

»Ja mache ich«, hörte ich sie noch sagen, ehe sie auflegte.

Nachdenklich schüttelte ich den Kopf. Wahrscheinlich hatte sich Friederike mit ihren Eltern nicht richtig abgesprochen und diese hatten unsere Tochter schon längst mit auf dem Weg nach Hause.

Ich wendete mich wieder der Frau und den Stühlen zu. Ich brauchte einen Moment, um mich daran zu erinnern, wo wir stehen geblieben waren.

Verständnisvoll lächelte mich die alte Dame an und sagte:

»Das klang tatsächlich wichtig und nicht sehr erfreulich.«

»Da haben Sie allerdings recht. Meine Ex-Freundin macht sich Sorgen um unsere Tochter.«

Sie schaute mich traurig an. Mitgefühl stand in ihren Augen. Als wüsste sie schon mehr als ich. Plötzlich stieg in mir ein ungutes Gefühl auf. Eigentlich war es noch nie vorgekommen, dass Friederikes Eltern und sie sich mal nicht richtig abgesprochen hatten. Aber was konnte die Erklärung sein? Ich schaute umgehend auf mein Handy. Irgendwie erwartete ich, darin eine SMS mit der Nachricht, dass alles gut sei, vorzufinden.

Ich sprach mit der Frau eine Weile über Kinder und wir hatten ganz unsere Preisverhandlung vergessen. Mitten im Gespräch klingelte mein Handy erneut. Wie vom Blitz getroffen riss ich es hoch und las abermals Friederikes Namen auf dem Display. Nervös nahm ich das Gespräch an.

»Und?«, fragte ich sofort.

»Meine Eltern sind zu Hause. Sie haben Lea nicht abgeholt. Im Kindergarten ist sie auch nicht. Die Erzieher wissen auch nichts. Björn, sie ist weg! Einfach weg!«, schluchzte sie ins Telefon. Ihre Verzweiflung war spürbar. Sie weinte haltlos und wusste nichts mehr zu sagen.

»Ruf sofort die Polizei an! Ich komme zu dir.« Ich legte auf und tausend Gedanken rasten mir durch den Kopf. Trotzdem versuchte ich, mich zu beruhigen. Vielleicht war sie ja vom Gelände gelaufen und hatte sich in der Nachbarschaft verirrt? Vielleicht hatte sie dabei einen Unfall gehabt? Oh Gott.

Mein Herz begann schneller zu schlagen. Aufregung machte sich breit.

Gestresst schaute ich mich um und sah, dass ich immer noch im Wohnzimmer der alten Dame stand. Sie schaute mich an.

»Es tut mir leid, ich muss jetzt los. Meine Tochter ist verschwunden«, sagte ich knapp und rannte aus dem Haus.

Der Geschäftstermin war überhaupt nicht mehr wichtig. Im Augenwinkel sah ich, dass die Dame nickte. Ich bildete mir ein, dass sie mir viel Glück wünschte, da saß ich schon im Auto.

Ich fuhr los und raste wie ein irrer durch die Straßen. Was war nur passiert? Wo konnte sie nur sein? Wut und Frustration übermannten mich. Ich war so weit weg! Das machte mich wahnsinnig. Natürlich geriet ich auf der Autobahn in den nächstbesten Stau.

»Mist! Verdammte scheiße!«, fluchte ich und schlug mit der Faust auf das Lenkrad. Alles war dicht. Ich musste warten. Es kam *mir wie eine Ewigkeit vor. Eine unerträgliche, qualvolle Ewigkeit, in der ich nicht wusste, ob es meiner Tochter gut ging, oder nicht.*

Noch während der Fahrt telefonierte ich unzählige Male mit Frederike, aber sie hatte nichts Neues zu berichten. Wir versuchten uns gegenseitig immer wieder zu beruhigen. Es war bestimmt nicht Schlimmes passiert und es würde eine einfache Erklärung geben. Nach über einer Stunde kam ich endlich am Kindergarten an. Ich hielt im Parkverbot und stürmte aus dem Auto. Mir war alles egal. Noch ehe ich suchen musste, entdeckte ich Frederike mit einigen Erzieherinnen vor dem Eingang des Kindergartens. Sie stand einfach nur da und war total aufgelöst. Als sie mich bemerkte, drehte sie sich um und warf sich hilflos in meine Arme. Sie weinte bitterlich. Beruhigend streichelte ihr über den Kopf.

»Björn, wo ist sie nur? Wo ist mein Kind?«, fragte sie immer und immer wieder weinend an meiner Schulter. Ich konnte ihr nichts darauf antworten. Nach vielen langen Augenblicken fand ich meine Stimme wieder.

»Habt ihr wirklich schon überall gesucht? Wollen wir nicht noch einmal nachschauen?«, schlug ich atemlos vor. Ein letzter Funke Hoffnung. Ein letzter Versuch. Ich klang selbst nicht überzeugt von meiner Idee, aber gemeinsam mit den anwesenden Erzieherinnen suchten wir noch einmal nach unserer Tochter Lea. Wir schauten unter jeden Stein, in jede Nische, in jeden Schrank, unter jede Decke, suchten auf jeder Toilette, in jedem Raum und in jedem Winkel des gesamten Geländes. Nichts. Niedergeschlagen trafen wir uns wieder vor dem Eingang. Riesige, bunte Buchstaben über den Eingangstüren formten das Wort K I N D E R G

A R T E N. Plötzlich waren diese Buchstaben für mich nicht mehr bunt und fröhlich. Sie hatten etwas Bedrohliches an sich. Jetzt war es nicht mehr zu leugnen: Unsere Tochter war verschwunden.

Achterbahnfahrt

In unserer Ausweglosigkeit machten wir uns gemeinsam auf den Weg zu Friederikes Eltern. Während der Fahrt erfuhr ich noch einige Details. Die Erzieherinnen hatten nichts bemerkt und hatten überhaupt keine Idee, wohin unsere Tochter verschwunden sein könnte. Das Problem war, dass Leas Verschwinden erst ausgefallen war, nachdem Friederike sie abholen kommen wollte. Dadurch wusste niemand genau, wann sie verschwunden war und vor allem wie lange das her war. Je nachdem was passiert sein könnte, machte das natürlich einen entscheidenden Unterschied. Es war die tägliche Abholzeit gewesen. Alle Eltern kamen und gingen, um ihre Kinder abzuholen.

Den Erzieherinnen konnten wir nichts vorwerfen. Wir wussten, dass es kompetente und engagierte Menschen waren, die ihr Bestes gegeben hatten. Am Abend, etwa anderthalb Stunden später trafen wir bei Friederikes Eltern ein. Wir hatten gerade das Auto abgestellt, da kamen ihre Eltern schon aus dem Haus gelaufen. Sie umarmten uns und sprachen uns ihr Mitgefühl und ihren Beistand aus. Ziemlich zeitgleich mit uns kam ein Streifenwagen der Polizei vorgefahren. Ein Polizist und eine Polizistin stiegen aus. Sie kamen auf uns zu und es entstand eine sehr unwirkliche Situation. Wie abgesprochen bildeten wir einen Kreis. Friederike, ihre Eltern, ich und die beiden Polizisten. Ernst schauten wir uns gegenseitig in die Gesichter. Mitten im Vorgarten von Leas Großeltern entstand eine Befragung.

Der Polizist schaute zuerst Frieda an.

»Sind Sie Friederike Klemens?«, fragte er in höchst sachlichem Ton. Friederike nickte.

»Haben Sie die Vermisstenanzeige aufgegeben?«

»Ja, das habe ich«, antwortete sie wahrheitsgemäß. Der Polizist wandte sich mir zu.

»Sind Sie der Vater?«, fragte er mit ruhiger Stimme.

»Ja das bin ich«, antwortete ich heiser.

»Wie ist Ihr Name?«

»Björn Scholz«, gab ich knapp zurück.

»Können Sie mir beschreiben, wie Ihre Tochter ausgesehen hat, als Sie sie zum letzten Mal gesehen haben?«

Ich runzelte die Stirn und schluckte. Ich wusste es nicht. Ich hatte sie nicht angezogen und zum Kindergarten gebracht. Ich konnte mein eigenes Kind nicht beschreiben! Panik stieg in mir hoch und schnürte mir die Kehle zu.

Friederike fing wieder an zu weinen. Sie hielt sich die Hände vor die Augen und beantwortete die Frage, als ob sie ihr und nicht mir gestellt worden war.

»Ich weiß es nicht! Ich kann mich nicht erinnern«, schluchzte sie und ihre Worte klangen qualvoll.

Die Polizisten sahen sie mitfühlend an.

»*Das ist normal. Beruhigen Sie sich. In Ausnahmesituationen erinnern sich viele Menschen nicht mehr an alltägliche Details.*«

»*Sie ist 4 Jahre alt. Blond. Hat blaue Augen und ist ungefähr einen Meter groß*«, *ergriff ich das Wort. Das war alles, was ich wusste.*

Bei meinen Worten schreckte Friederike hoch, ihre Augen wurden groß.

»*Ich habe ihr heute Morgen einen gestreiften Pulli angezogen. Und Jeans. Dazu weiße Turnschuhe. Ich habe ihr einen Zopf gemacht*«, *ergänzte sie schluchzend.*

Der Polizist notierte sich alles und sah uns dann ernst an.

»*Es ist so: Etwa 5 km von hier entfernt gab es einen Autounfall mit einem etwa vier Jahre alten Mädchen, auf das Ihre Beschreibung passen könnte. Das Mädchen ist ins nächste Krankenhaus gebracht worden.*«

Friederike klammerte sich an meinen Arm und drückte ihn so fest, dass es mir weh getan hätte, wenn ich nicht fast taub vor Ungewissheit und Angst gewesen wäre.

»*Wir müssen da sofort hin! Vielleicht ist sie es! Sie braucht uns!*«. *Beinahe schrie sie mir diese Worte ins Ohr. Sie sah mich an. Wütende Hoffnung loderte in ihren Augen. Sie würde ihr Kind nicht so schnell aufgeben.*

Ich sah den Polizisten an. Fast wollte ich um seine Erlaubnis fragen, da kam er mir zuvor.

»*Können Sie noch Auto fahren?*«, *fragte er sachlich und es war klar, dass er nicht danach fragte, ob ich getrunken hatte. Ich merkte, dass er Erfahrung hatte.*

Ich nickte entschlossen, obwohl meine Antwort gelogen war.

»Also gut. Geben Sie mir bitte eine Telefonnummer für weitere Fragen, oder den Fall, dass es nicht Ihre Tochter ist und dann können Sie sofort los«.

Ich nickte erneut und wir gaben ihm beide unsere Handynummern.

Friederikes Eltern hatten sich in den Arm genommen und der Szene stumm beigewohnt.

Wir verabschiedeten uns schnell von Friederikes Eltern und stiegen in mein Auto. Ich fuhr zum Krankenhaus und hoffte die ganze Fahrt über, dass sich meine tauben Beine und meine zitternden Hände nicht auf der Straße bemerkbar machen würden.

Ich parkte auf einem der Besucherparkplätze, stieg aus und blickte nach rechts auf das riesige weiß-graue Gebäude. Es machte einen gespenstischen Eindruck auf mich. Noch nie kam mir ein Krankenhaus so unheilvoll und düster vor.

Schnellen Schrittes gingen wir auf den Eingang zu. Eine Doppeltür gewehrte uns Einlass.

Wir gelangten in eine riesige Empfangshalle.

»Wo müssen wir hin?«, fragte Friederike ängstlich und und warf hektische Blicke in alle Richtungen.

Ich sah mich ebenfalls um und entdeckte links von uns den Empfang.

»Da!«, rief ich und deutete mit dem Finger auf den versteckten Tresen. Wir eilten darauf zu.

»Hallo«, sagte ich atemlos. »Ist hier vor kurzem ein vierjähriges Mädchen in die Notaufnahme eingeliefert worden? Können wir sie sehen? Wir sind vielleicht ihre Eltern.«

Die Worte platzen nur so aus mir heraus.

Die Dame hinter dem Empfangstresen schaute einen Augenblick auf ihren Monitor, schaute dann uns an und schien etwas abzuwägen.

»Ja hier ist ein Mädchen eingeliefert worden. Bitte haben Sie einen Augenblick Geduld, ich hole den Oberarzt.«

Fast zeitgleich schauten wir uns in die Augen. Es stand immer noch Hoffnung in Friederikes Augen und das gab auch mir Hoffnung. Mittlerweile hoffte ich, dass es Lea war, dass wir sie endlich gefunden hatten. Jetzt würde alles gut werden. Wir würden sie sehen, sie würde wieder gesund werden und es würde sich alles aufklären.

Nach einigen Minuten kam die Dame mit einem hochgewachsenen und schon leicht ergrauten Mann zurück. Er hatte einen weißen Kittel an und steuerte zielstrebig auf uns zu. Die Dame verschwand wieder hinter ihrem Tresen.

»Sie sind möglicherweise die Eltern des verunfallten Mädchens?«, fragte er tonlos.

Wir nickten nur. Verunfallt. Das Wort hallte in meinem Kopf nach. Aber das klang ja, als sei sie schon …?

»Können Sie sie mir bitte beschreiben?«, unterbrach der Arzt meine Gedanken. Und zum zweiten Mal an diesem Tag beschrieben wir unsere Tochter.

Der Arzt nickte.

»Kommen Sie bitte mit.«

Ohne eine Antwort abzuwarten drehte er sich um und marschierte los. Wir beeilten uns, ihm zu folgen. Er führte uns in einen kleinen Raum, nicht weit von der großen Eingangshalle entfernt. Es wirkte wie sein Büro.

»Bitte setzen Sie sich«, forderte er uns höflich auf und wies auf zwei Stühle direkt vor seinem Schreibtisch.

Wir setzten uns.

»Es wurde tatsächlich ein Mädchen eingeliefert, das auf Ihre Beschreibung passt.«

»Gottseidank!«, stieß Friederike laut hervor und unterbrach den Arzt.

»Was ist mit ihr? Dürfen wir sie sehen?«.

Sie konnte diese Unterhaltung kaum aushalten, das spürte ich.

»Das kann ich Ihnen erst sagen, wenn die Polizei hier ist.«

»Was?«, fragte ich entsetzt. »Warum?«

»Das wird Ihnen die Polizei erklären«, antwortete er knapp und griff zum Telefon. Entsetzt blickten wir uns an. Was ging hier nur vor?

Doppelter Looping

Es verging eine gefühlt unendlich lange Zeit, in der wir nichts weiter tun konnten, als ungeduldig auf den Fußboden oder die Decke dieses kleinen Büros zu starren. Irgendwann klopfte es. Erleichtert drehten wir uns um und erkannten die beiden Beamten, die uns bereits auf dem Grundstück von Friederikes Eltern befragt hatten. Wir sprangen von unseren Stühlen und schauten die beiden Polizisten erwartungsvoll an. Irgendwie dachten wir, wir würden jetzt endlich zu unserer Tochter gehen.

»Setzen Sie sich bitte wieder«, forderte der Polizist uns auf. Wir setzten uns. Ich war so angespannt wie nie zuvor.

Der Polizist sah uns einen langen Moment an.

»Das Kind, das in den Autounfall verwickelt war, ist tot. Da wir die Eltern noch nicht ausfindig gemacht haben, dürfen Sie das Mädchen jetzt sehen, um es gegebenenfalls zu identifizieren.«

Der Schock saß tief.

Wie bitte? Das Kind ist tot? Unser Kind? So sehr ich mir vorhin noch gewünscht hatte, dass dieses Kind unsere Tochter sein möge, so sehr wünschte ich mir jetzt das Gegenteil.

Erstarrt und regungslos ließen wir diese Worte auf uns wirken. Das wütende Feuer der Hoffnung in Friederikes Augen war augenblicklich erloschen. Beinahe apathisch sah sie mich an. Sie konnte es nicht glauben. Ich wollte es auch nicht glauben.

Ich klammerte mich an den aller letzten Strohhalm, der übrig geblieben war und sagte zu Friederike:

»Lass uns gehen. Vielleicht ist sie es ja gar nicht.«

Die Beamten nickten, drehten sich um und führten uns aus dem Raum. Wir folgten ihnen. Ich nahm nichts mehr um mich herum wahr. Die Stimmen der Menschen, die Fahrstuhltüren, die beleuchteten Schilder über den Türen – alles war wie ausgeblendet. Einzig die blaue Uniform der Polizisten leuchtete klar vor mir. Wie betäubt lief ich den Beamten hinterher. Friederike ging zitternd neben mir her. Sie führten uns ins Treppenhaus und anstatt nach oben zu gehen, stiegen wir die Treppe zum Keller hinab. Auf einem Schild über der Tür stand „Pathologie".

Ich schluckte schwer. Mein Hals war trocken geworden. Pathologie? Sowas wie die Leichenhalle aus einem Krimi? Ein kalter Schauer lief mir den Rücken hinab.

Die Tür öffnete sich und eine Frau in einem anderen weißen Kittel nahm uns in Empfang.

»Sind das die potenziellen Eltern?«, fragte die Frau kühl und richtete ihre Worte an die Beamten.

»Ja, das sind sie«, antwortete er knapp.

»Hier entlang«, sagte die Frau, während sie nickte.

Der Raum war komplett gefliest. Boden und Wände wurden von einem tristen Grau geziert. In der Mitte all dieser grauen Trostlosigkeit stand ein Tisch aus Metall. Darauf lag ein kleiner Körper. Abgedeckt durch ein weißes Laken. Ich kam mir vor wie im Film. Es war haargenau wie im Film. Und ich spielte gerade die Hauptrolle. Dahinter stand ein weiterer Tisch mit verschiedenen Instrumenten. Etwa zwei Meter davon entfernt mussten wir stehen bleiben.

Wir versammelten uns vor dem Tisch und schauten wie gebannt auf das weiße Laken. Mein Herz klopfte wild. Mein ganzer Körper hoffte, dass sie es nicht sein würde. Dass es nicht Leas Gesicht sein würde, das gleich unter diesem Laken zum Vorschein kommen würde. Ich fing an zu schwitzen und betete, wie ich noch nie in meinem Leben gebetet hatte. Bitte lass sie es nicht sein! Bitte lass das nicht unsere Tochter sein!

Die Pathologin sprach irgendwelche Worte. Sie sollten beruhigend wirken, aber ich konnte nicht hören, was sie sagte.

»Ich entferne jetzt das Tuch«, sagte sie schließlich und riss mich damit aus meinen Gedanken.

In dem Moment, in dem sie das Tuch fortzog, huschte mein Blick zuerst zu Friederike. Ich sah ihre Reaktion. Das Entsetzen in ihren Augen. Da wusste ich, wer da vor uns lag.

Verzweifelt stürmte Friederike auf den Tisch zu. Der Oberarzt packte sie am Arm und hielt sie zurück.

»Sie dürfen da nicht näher herran. Die Beweisspuren dürfen nicht zerstört werden!«

»DAS IST MEINE TOCHTER! LASSEN SIE MICH ZU IHR!«, brüllte Friederike und ihre verzweifelten Worte hallten unheimlich von den gefliesten Wänden wider.

Sie versuchte sich loszureißen, aber in ihrer Trauer gelang ihr das nicht. Sie schrie und weinte und gab sich einem Anfall der völligen Verzweiflung hin.

Ich konnte ihren Schmerz fühlen. Er brannte wie Feuer in meiner Kehle und ließ mich kaum atmen. Ich blickte in das kalte,

leblose, mir so vertraute Gesicht und die Gewissheit wog schwer
in meinem Herzen:

Unsere Tochter war tot. Warum?

Als Nächstes saßen wir im Wartebereich des Krankenhauses. Wir sollten dort auf weitere Instruktionen warten. Das war gut so, denn wir brauchten dringend eine Pause. Friederike saß neben mir. Sie zitterte, weinte und schluchzte abwechselnd. Wir kamen nicht klar. Der Schock, die Trauer und das Nicht-Wahr-Haben-Wollen, hatten uns vollkommen im Griff und machten uns handlungsunfähig. Wir wussten weder vor noch zurück.

Nach einer gefühlt endlos langen Zeit kamen die beiden Beamten erneut auf uns zu.

Diesmal hatten sie ein anderes Anliegen.

Sie wollten wissen, wo wir uns zum Tatzeitpunkt aufgehalten hätten, sofern wir uns in der Lage fühlen würden, diese Frage zu beantworten.

Diese Frage klang in meinen Ohren total absurd. Wurde ich tatsächlich gerade danach gefragt, ob ich mein eigenes Kind getötet hatte?

Aber ich wusste, dass die Beamten natürlich nur ihren Job machten. Sie versuchten, die Situation so angenehm wie möglich für uns zu gestalten. Die Polizistin kümmerte sich um Friederike und der Polizist wandten sich mit der Frage an mich. Ich hatte natürlich nichts zu verheimlichen. Ich hatte meine Tochter schließlich nicht getötet. Plötzlich stutzte ich. Ich hatte meine Tochter nicht getötet? Tatzeitpunkt? Es gab also eine Tat? Es war kein Unfall gewesen? Was ging hier vor? Was wusste die Polizei?

Trotzdem beantwortete ich ihm zuerst seine Fragen. Auf die erste Frage hin, antwortete ich ihm wahrheitsgemäß, dass ich zum Zeitpunkt des Unfalls geschäftlich unterwegs gewesen war. Ich erläuterte ihm, dass ich selbstständig war und etwa 1 Stunde vom Tatort entfernt zu tun gehabt hatte. Der Polizist notierte sich alles und nickte dabei immer wieder. Dann hielt ich es nicht länger aus. Ich wollte unbedingt wissen, was wirklich passiert war. Ich wollte wissen, warum meine Tochter tot war. Friederike saß neben mir und hörte wachsam zu. Der Polizist zögerte. Offenbar kämpfte er mit seiner Befugnis, oder aber die Wahrheit war so grausam, dass er abwog, ob wir sie in unserem jetzigen Zustand vertragen würden. Dann begann er zu sprechen und seine Worte hallten wie Kanonenschläge in meinem Kopf.

»Also gut Herr Scholz, es ist nicht der richtige Ort und eigentlich auch noch zu früh, folgende Informationen an Sie weiterzugeben zu dürfen, aber ich will Ihnen unter Vorbehalt der Richtigkeit aller Angaben, sagen, was wir herausgefunden haben.« Er brach ab und schaute zu seiner Kollegin hinüber. Diese nickte und er fuhr fort.

»Ihre Tochter hatte keinen echten Autounfall. Es steckt leider etwas mehr dahinter.«

119

Fast gleichzeitig schauten Friederike und ich uns an. Das gleiche ungläubige Entsetzen, das durch meine Adern schoss, spiegelte sich in ihren Augen. Kein „echter" Autounfall?

»So weit wir wissen, ist Ihre Tochter Opfer eines Gewaltverbrechens geworden.«

Wir schluckten. Bitte nicht. Der Verlust tat schon so weh, ich wollte eigentlich nicht noch mehr Schmerz erleben.

»Der Mann, der Ihre Tochter angefahren hat, hat selbst die Polizei und den Krankenwagen angerufen. Daher dachten wir erst, es wäre ein herkömmlicher Autounfall gewesen. Die Rettungssanitäter haben aber noch an der Unfallstelle Spuren am Körper Ihrer Tochter gefunden, die nicht typisch für einen Autounfall sind. Die Hose war geöffnet, der Pulli war angerissen. Frische Hämatome an den Armen und Beinen. Später erfuhren wir von der Pathologie, dass es auch Hämatome im Genitalbereich gab. Todesursache ist ein Genickbruch.«

Er machte eine kurze Pause. Da keiner von uns beiden eine Reaktion zeigte, sprach er weiter.

»Diese Faktoren haben unsere Kollegen und die Rettungssanitäter aufmerksam gemacht. Die Kollegen, die den Unfall aufgenommen haben, haben den Mann daraufhin dazu befragt und er gestand, dass er Ihre Tochter entführt hat.«

Friederike ergriff meine Hand und drückte sie. Ich konnte ihre Anspannung spüren. Sie hielt es kaum noch aus. Mein Herz schlug laut in meiner Brust. Das konnte doch alles nicht wahr sein! Ich blickte zu Boden und mir ging ein Licht auf.

»Deswegen war sie aus dem Kindergarten verschwunden. Deswegen konnte sie keiner finden und deswegen war der Unfall so weit weg passiert. Er hat sie entführt«, murmelte ich, während sich diese Worte wie Puzzleteile in meinem Kopf zusammenfügten.

Der Polizist nickte.

»Ja genau. Er wurde nach dieser Aussage mit auf's Revier genommen und parallel zu Ihnen beiden befragt, während wir unten in der Pathologie waren. Sie sollten auf weitere Instruktionen warten, weil wir auf das Ergebnis der Befragung warten mussten. Das haben wir bekommen und deswegen sind wir jetzt wieder hier.«

Er atmete hörbar ein und wieder aus.

»Wegen der Ungereimtheiten zwischen Spuren und Unfallhergang konfrontierten die Kollegen den Mann auf der Wache mit dem Ergebnis des Befundes. Der Mann hat daraufhin gestanden und geschildert was passiert ist. Ich hoffe, Sie halten das noch aus«, unterbrach er sich und schaute uns fragend an.

Wir nickten. Was blieb uns auch anderes übrig?

»Laut eigener Aussage hat der Täter Ihre Tochter aus dem Kindergarten entführt, in sein Auto gesetzt und ist mir ihr zu seiner Wohnung in das fünf Kilometer entferntere Nachbardorf gefahren. Dort hat er sie ausgezogen und sexuell missbraucht. Er hat sie vergewaltigt und ist dabei auch in sie eingedrungen. Daher stammen die Hämatome und Blutungen im Genitalbereich. Sie hat sich aber gewehrt. Dadurch entstanden die Hämatome an Armen und Beinen. Dabei zerriss vermutlich auch die Kleidung. Um das zappelnde Kind unter Kontrolle zu bringen hat er sie, laut eigener Aussage, hochgehoben und wollte sie ruhigstellen. Dabei sei sie ihm aus dem Arm gerutscht und mit dem Hinterkopf auf die Kante seines Couchtisches gefallen. Der Aufprall war so stark, dass sie sich dabei das Genick brach und vermutlich sofort tot war. Der Täter bekam Panik und wollte seine Tat zu diesem Zeitpunkt wie einen Unfall aussehen lassen. Er habe aber stark mit seinem Gewissen gekämpft, hat er den Kollegen berichtet. Er trug sie nach draußen und legte sie auf den Fußweg, der vor dem Mehrfamilienhaus kreuzt, in dem sich seine Wohnung befindet. Daneben sei eine Einfahrt zu Privatparkplätzen gewesen. Er hielt sein Auto direkt vor der Leiche an und rief einen Krankenwagen. Als die Beamten eintrafen schilderte er, er habe das Mädchen angefahren. Später sei sein schlechtes Gewissen so groß geworden, dass er ihnen erzählte, was wirklich passiert war. Die Rettungssanitäter konnten an der Unfallstelle nur noch den Tod Ihrer Tochter feststellen.«

Er endete und schaute uns an. Mitleid stand in seinen Augen. Ich spürte, dass auch die Polizei nicht jeden Tag mit einem Fall wie unserem zu tun hatte.

Hinter Glas

Ich kann nicht beschreiben, was in diesem Moment in unseren Köpfen vorging. Ich denke, keiner kann das. Wir waren nicht mehr aufnahmefähig. Nicht mehr handlungsfähig. Der Schock ließ uns erstarren. Unsere Köpfe waren leer. Die Welt blieb stehen. War nicht mehr greifbar. Alles war undeutlich. Unwirklich. Traurig.

Unsere Tochter war tot. Wir hatten alles verloren. Wir hatten alles, was uns lieb war, alles, was wir in der Vergangenheit mit Lea erlebt hatten, alles, was uns zu dritt zusammen ausgemacht hatte, von einem auf den anderen Tag verloren.

Für Friederike waren all diese Informationen zu viel. Sie wurde blass und fiel in Ohnmacht. Das Krankenhauspersonal musste sie vorübergehend auf eine Trage legen und mit einer Infusion versorgen. Für diesen Tag war sie einfach fertig. Es hätte keinen Sinn ergeben, sie mit weiteren Dingen zu belasten.

Nachdem Friederike versorgt war und wieder stabil schien, wandte sich der Polizist noch einmal an mich. Erschöpft saß ich auf meinem Stuhl und blickte ins Leere.

»Es gibt da noch etwas Herr Scholz«, sagte der Polizist und setzte sich neben mich.

Was denn jetzt noch? Hatte ich nicht schon alles verloren?

Ich wandte den Kopf und sah ihm in die Augen. Professioneller Ernst stand darin.

»Der Täter sagt, er kennt Sie. Ich muss Sie bitten mich auf's Revier zu begleiten. Vielleicht kennen Sie ihn auch. Wir müssen das überprüfen.«

Der Täter sagt, er kennt mich? Gehört das Gesicht desjenigen, der meine Tochter getötet hat, etwa auch noch zu einem Bekannten von mir? Diese Vorstellung ließ mich beinahe würgen. Tief zwischen meinen Eingeweiden bäumte sich etwas Abscheuliches auf, das Herausbrechen und den Menschen töten würde, wenn sich herausstellen sollte, dass ich ihn kannte. So viel war sicher.

Stumm nickte ich und folgte den beiden Polizisten aus dem Krankenhaus. Ich stieg auf die Rückbank des Polizeiautos und kam mir kurz wie ein Verbrecher vor.

Die Lichter der dunklen Stadt rasten an mir vorbei. Sie verschwammen vor meinen Augen zu kleinen Sternschnuppen. Ich dachte an nichts anderes als an den Mörder meiner Tochter. Wie würde er wohl aussehen?

Die beiden Beamten führten mich in einen kleinen Raum, den man schon in vielen Filmen gesehen hat. Helle Fliesen, weiße Wände. Kein Tisch, keine Stühle, dafür aber eine große Glasscheibe, die nur von einer Seite durchschaubar war. Von der anderen Seite war sie ein Spiegel.

Die Beamten traten nach mir ein und schlossen die Tür. Ich trat an die Fensterscheibe. Stille. Niemand sagte ein Wort. Sie ließen mir Zeit. Ich schaute durch die Scheibe und sah dem Mörder meiner Tochter ins Gesicht. Der Raum auf der anderen Seite war identisch mit dem, in dem wir standen. Ich sah einen älteren Mann. Vielleicht so um die 50 Jahre alt. Er saß allein an einem Tisch, mit dem Gesicht uns zugewandt. Gegenüber von ihm stand ein weiterer Stuhl. Er schaute auf seine Hände. Er konnte uns nicht sehen. Leicht graues Haar, Bart, Brille. Etwas pummelig. Kleiner als ich.

»Kennen Sie diesen Mann?«, fragte der Polizist nach einer Weile und durchbrach die Stille.

Ich schüttelte den Kopf.

»Nein. Ich kenne ihn nicht«, antworte ich entschieden. »Diesen Mann habe ich noch nie in meinem Leben gesehen«, fügte ich hinzu, um meiner Aussage Kraft zu verleihen.

Der Polizist nickte. Für ihn war die Sache durch. Er schaute seine Kollegin an und sie öffnete die Tür. Ich durfte wieder gehen.

Als ich diesem Abend zurück nach Hause kam und die Tür aufschloss, stürmte etwas Großes und Schwarzes auf mich zu.

Völlig verdattert starrte ich auf das, was da auf mich zugeschossen kam: Leon. Mein Schäferhund Leon, der mich schwanzwedelnd begrüßte und offenkundig froh war, dass ich wieder zurück war. Ich hatte ihn, über all den Ereignissen dieses Tages tatsächlich vergessen. Ich kniete mich nieder und grub mein Gesicht in sein dichtes, langes Fell. Leon war noch da. Leon war immer für mich da. Er spendete mir Trost und Halt. Ich weiß nicht, was ich gemacht hätte, wenn ich abends in ein leeres Haus zugekehrt wäre.

Ich streichelte ihn ausgiebig, machte ihm sein Futter fertig und ließ mich dann auf mein Sofa fallen. Ich kam mir blöd vor. Sollte ich jetzt nicht irgendwas anderes tun? Etwas Tatkräftiges? Oder etwas Spannendes. Aber was sollte ich tun? Was tat man für gewöhnlich, wenn man erfahren hatte, dass ein geliebter Mensch gestorben war? Völlig ermattet und unfähig irgendwas zu fühlen starrte ich ziellos aus dem Fenster in meinen Garten. Ich sah, wie ein Eichhörnchen an einem Baum hochkletterte. Die Szene spielte sich vor meinen Augen ab, als sei es vollkommen unwirklich. Es war so normal. Für das Eichhörnchen war alles normal. Wäre Lea noch am Leben, hätte ich ihr das Eichhörnchen gezeigt. Jetzt machte das keinen Sinn mehr. Plötzlich bemerkte ich, wie still es im Haus war. Aber es war nicht still. Es war wie immer. Es war unerträglich. Es war alles wie immer und gleichzeitig war nichts mehr wie zuvor.

Ungerechtigkeit

Mein Leben, die Außenwelt – alles lief an mir vorbei. Wie ein schlechter Film, den man nur beiläufig laufen lässt, ihm aber sonst keine große Beachtung schenkt. Meine Selbständigkeit hatte keine Priorität mehr. Mein Geschäft ließ ich schleifen. All das war nicht mehr wichtig. Ich hatte auch nicht mehr die Kraft, mich darum zu kümmern. Nach Außen bewahrte ich eine Fassade. Eine fröhliche Maske. Ich signalisierte nach Außen, dass alles wie immer sei. Das es mir gut ging. Aber gar nichts war gut. Alles war schwer. Alles war schrecklich. Es ging mir dreckig. Total beschissen.

Etwa eineinhalb Wochen später bekamen Friederike und ich Post von der Staatsanwaltschaft. Wir wurden zu einer Gerichtsverhandlung vorgeladen, um Zeugenaussagen für die Straftat an unserer Tochter zu machen. Wir wollten jedoch nicht, dass unsere Geschichte an die Öffentlichkeit geriet. Wir baten die Polizei und die Staatsanwaltschaft darum, dass bitte nichts dergleichen publiziert werden sollte. Auch in unserem Freundes- und Bekanntenkreis sprachen wir mit niemandem großartig über unser Schicksal. Da es sich um ein noch laufendes Verfahren handelte, wurde uns unser Wunsch gewährt. Es gab keine Presse. Keine Zeitungsartikel. Keine Beiträge. Niemand erfuhr auch nur ein Sterbenswort.

Am Tag der Gerichtsverhandlung fanden wir uns in einem kleinen Raum ein. Es waren verhältnismäßig viele Menschen anwesend. Die Richterbank befand sich an der Stirnseite des Raumes. Dort saßen der Richter, zwei Schöffen und eine Gerichtsschreiberin. Rechts davon saß der Staatsanwalt mit mir und Friederike als Zeugen. In der Mitte des Raumes und damit direkt vor der Richterbank war der Strafverteidiger platziert. Noch weiter dahinter gab es einige Plätze für Besucher. Dort saßen Leas Großeltern.

Die Minuten zogen sich endlos hin. Wir warteten nur noch auf den Angeklagten. Er war weiterhin in Untersuchungshaft gehalten worden. Schließlich ging es um ein Tötungsdelikt. Die Gefahr, dass er einfach das Land verlassen könnte, war zu groß. Daher wurde er auch im Gericht wie ein Gefangener behandelt. Irgendwann ging die Tür zum Verhandlungsraum endlich auf und ein Justizvollzugsbeamter führte den Täter in Handschellen herein. Er setzte sich an den Tisch neben seinen Strafverteidiger. Der Justizvollzugsbeamte hielt sich im Hintergrund bereit, falls der Täter fliehen wollte.

Der Mann, der verantwortlich für den Tod unserer Tochter war, würdigte uns keines einzigen Blickes. Es gab keine Entschuldigung. Keine Reue. Nichts. Selbst beim Eröffnungsplädoyer, bei dem jede Einzelheit seiner grausamen Tat angesprochen wurde, verzog er keine Miene. Natürlich hatte ich das auch nicht erwartet. Enttäuscht war ich trotzdem.

Nach Vorstellung der Sachlage kam es zu seiner Aussage:

»Ich habe einen Fehler gemacht. Was geschehen ist, tut mir leid. Ich habe nicht gewollt, dass es so weit kommt. Ich habe nur Geschlechtsverkehr mit dem Kind gewollt. Ich hatte nicht die Absicht, es zu töten. Das war ein Unfall! Außerdem habe ich das Kind in der Vergangenheit schon öfter gesehen. Auch oft mit ihrem Vater. Sie hat mich angelächelt und auch ihr Vater hat mir einmal „Hallo" gesagt. Ich konnte irgendwann nicht mehr widerstehen«.

Bei der gesamten Aussage starrte er auf den Boden. Kein Blick zu uns. Nur seine Stimme war präsent. Ich weiß nicht, wie er darauf kam, dass er mir einmal „Hallo" gesagt habe. Ich hatte bis zu seiner Tat keine einzige Erinnerung an diesen Menschen.

Der Staatsanwalt fragte den Täter, wie er das Kind entführt habe. Seine Schilderung ließ mir das Blut in den Adern gefrieren:

»Ich hatte das Kind schon seit mehreren Wochen beobachtet. Immer wieder bin ich zum Kindergarten gefahren und habe ihr beim Spielen zugeschaut. Dabei habe ich auch oft ihre Mutter und ihren Vater gesehen, wenn sie sie abholen kamen. Eines Tages habe ich es nicht mehr ausgehalten. Ich habe mich auf das Gelände des Kindergartens geschlichen. Dabei habe ich aufgepasst, dass mich niemand der Erzieherinnen sieht. Durch meine vielen

Beobachtungen kannte ich den Namen des Mädchens. Ich sprach sie mit ihrem Namen an und gab mich als Arzt aus. Ich erklärte ihr, dass ihre Mutter einen schlimmen Unfall gehabt habe und ich sie jetzt mitnehmen und zu ihr bringen würde. Natürlich ging sie mit mir und wir fuhren zu meiner Wohnung.«

Im Laufe der Gerichtsverhandlung erfuhren wir weiter, dass der Täter bei sich zu Hause eine ganze Wand voll mit Fotos von Lea hatte. Er hatte sie in den verschiedensten Momenten beobachtet und fotografiert. Er war besessen von ihr gewesen. Er hatte sie mit Absicht ausgesucht. Weil er sie süß fand. Weil sie ihn geil machte. Er hatte seine Tat von langer Hand geplant und meine Tochter ganz bewusst ausgesucht. Dieser Gedanke machte mich krank. Er ekelte mich an. Wie konnte ein erwachsener Mann Sex mit Kindern wollen? Für einen winzigen Moment stellte ich mir vor, welche Schmerzen sie erlitten haben musste, ehe sie starb. Es war nicht zu ertragen. Es schnürte mir die Kehle zu und ich zwang mich, mit aller Macht, nicht aufzustehen und den Kerl krankenhausreif zu schlagen.

Nach diesen Schilderungen plädierte der Staatsanwalt auf Totschlag, da ein offensichtlicher Tötungsdelikt vorlag. Er sprach von einem animalischen Akt, in dem der Täter versuchte mit voller Absicht seinen Trieb zu befriedigen.

Der Strafverteidiger des Täters zauberte jedoch plötzlich eine Krankenakte hervor. Er erklärte damit, sein Mandant sei psychisch krank. Er habe eine diagnostizierte pädophile

Neigung. Das werde als Krankheit geführt. Dadurch sei er nicht Herr der Lage gewesen. Er könne auch nichts dafür, dass er Kinder anziehender finde als Erwachsene und sei nicht fähig eine Beziehung mit einer erwachsenen Frau zu führen.

Mein Mund stand offen. Ungläubig starrte ich den Strafverteidiger an. Ich konnte nicht glauben, was ich da hörte. War das wirklich sein Ernst? Der Typ konnte nichts dafür, dass er meine Tochter vergewaltigt und getötet hatte?

Der Schlagabtausch zwischen Staatsanwaltschaft und Strafverteidigung dauerte ungefähr eine halbe Stunde. Das Gericht zog sich dann zurück, um sich zu besprechen und das Urteil zu fällen. Der Justizvollzugsbeamte führte den Täter in der Zwischenzeit in ein Nebenzimmer. Für mich war das Urteil klar. Dieser Mann war ein perverser Mörder und gehörte für viele Jahre weggesperrt.

Irgendwann kam das Gericht wieder herein. Friederike, ihre Eltern und ich versuchten gefasst zu bleiben und uns gegenseitig zu stärken. Friederike und ich hielten uns die Hände und hatten die große Hoffnung, dass ein gerechtes Urteil gefällt werden würde. Die Zeit verging quälend langsam. Wir erwarteten, dass der Täter eine saftige Strafe für seine Tat bekommen würde. Eine Strafe, die im gerechten Verhältnis zu unserem Leid stand.

Der Angeklagte wurde wieder in den Gerichtssaal geführt und der Richter bat um Ruhe für die Urteilsverkündung:

»Nach reiflicher Überlegung ist das Gericht zu folgendem Urteil gekommen: Der hier Angeklagte, Helmut Zeiler, wird aufgrund privater Umstände wegen fahrlässiger Tötung zu zwei Jahren Haft auf Bewährung mit folgenden Auflagen verurteilt: Er hat sich 1 Jahr lang in psychologische Behandlung zu begeben (...).«

Wir saßen einfach nur da. Geschockt. Enttäuscht. Ungläubig. Friederikes Vater fragte den Richter, ob dieses Urteil sein Ernst sei. Ob er selbst meine, dass das ein gerechtes Urteil dafür sei, was der Täter an Leid und Schmerz verursacht habe. Friederike begann bitterlich zu weinen. Ich konnte nichts sagen, nichts machen. Ich war einfach nur noch in diesem Raum. Meine Gedanken überschlugen sich. Es fühlte sich so enorm falsch an. Alles in mir schrie danach, dass dieses Urteil absolut unfair und falsch war. Ich fühlte mich verlassen. Verlassen vom deutschen Recht. Er hätte wegen Mord verurteilt werden und 15 Jahre ins Gefängnis gehen sollen. Das wäre gerecht gewesen! Er hatte sie doch absichtlich ausgesucht! *Absichtlich* entführt! Um seinen Penis absichtlich in meine vierjährige Tochter zu stecken. Ich schlug die Hände vor den Mund, um mein Würgen zu verbergen. Mein Magen drehte sich um. Meine Eingeweide verknoteten sich. Was war nur los mit diesem Land? Ich verstand die Welt nicht mehr.

Die privaten Umstände waren der Tod seiner Frau vergangenen Jahres, dass er Lehrer an einer Grundschule war, er die Tat zutiefst bereue und Leas Tod nicht gewollt habe.

Helmut Zeiler war also auf Bewährung. Das bedeutete, er durfte ab Morgen wieder frei herumlaufen. Er durfte zwar das Land nicht verlassen und musste sich regelmäßig bei seinem Bewährungshelfer melden, aber er war direkt wieder auf freiem Fuß. Drei Wochen Untersuchungshaft gegen die Auslöschung eines ganzen Kinderlebens. Was war daran gerecht? Theoretisch konnte er sofort losmarschieren und das nächste Kind missbrauchen.

Würde er dabei erwischt werden, würde er direkt im Gefängnis landen. Würde er sich dabei aber nicht erwischen lassen, könnte er 100 Kinder und mehr vergewaltigen, missbrauchen, entführen, quälen oder was auch immer und das Gericht würde nichts unternehmen, weil es davon nichts wüsste. Laut Gesetz ist unsere Tochter also nur aus Versehen gestorben. Dass er sie gezielt ausgesucht, dann entführt und sexuell missbraucht hat, war völlig unwichtig geworden.

Plötzlich sah ich, wie Friederikes Mutter aufstand und schnellen Schrittes auf den Angeklagten zu marschierte. Sie hob die Hand und es klatschte laut und widerhallend durch den Raum. Sie hatte dem Täter eine schallende Ohrfeige verpasst und ihn dann noch angespuckt. Es war für mich eine wahnsinnige und unwirkliche Szene, die sich dort abspielte.

Sie schrie ihn an: »Wie konnten Sie das nur tun? Sie haben ein Menschenleben genommen und eine ganze Familie zerstört! Wie konnten Sie das nur tun?«

Der Justizvollzugsbeamte löste die Situation auf. Er führte den Angeklagten wieder in das Nebenzimmer. Der Richter mahnte alle zur Ruhe. Er klärte uns noch beiläufig auf, dass wir ja in Berufung gehen könnten. Ich war perplex. Wusste nicht, was ich tun sollte. Die Verhandlung war vorbei. Das Urteil gefällt. Für niemanden war Lea mehr wichtig. Außer für uns. Und uns war sie genommen worden.

Meine Fassade hielt ich nach außen hin weiter aufrecht. Ich wollte niemandem meine Gefühle zeigen. In der Vergangenheit hatte ich gelernt, nie über meine Sorgen und Ängste zu sprechen, oder mir diese ansehen zu lassen. So wollte ich auch jetzt nicht, dass irgendjemand bemerkte, wie schlecht es mir in Wirklichkeit ging. Ich telefonierte noch einige Male mit Friederike, um ihr weiterhin beizustehen. Getroffen hatten wir uns seit der Gerichtsverhandlung aber nicht. Bei jedem Telefonat schien sie mehr und mehr an Lebensmut zu verlieren. Jedes Mal klang sie verzweifelter. Sie erzählte mir, dass sie nicht mehr zur Arbeit ging und fast alle sozialen Kontakte mied. Sie verschanzte sich zu Hause.

Sie verschloss sich immer mehr. Irgendwann nahm sie nicht mal mehr ab, wenn ich sie anrief.

Zwei Wochen nach der Gerichtsverhandlung erfuhr ich warum.

Sternenhimmel

Ich war gerade mit Leon Gassi. Es war später Vormittag. Die meisten in der Nachbarschaft waren schon zur Arbeit gefahren. Ich dagegen hatte noch immer keinen geregelten Alltag und kam gar nicht erst auf die Idee mich um mein Geschäft zu kümmern. Einzig Leon gab mir etwas Tagesstruktur und sorgte dafür, dass ich wenigstens dreimal am Tag vom Sofa runter und aus meiner Trauerblase heraus kam. Wir gingen gerade an einem großen Feld entlang und ich hatte alle Hände voll damit zu tun, Leon vom Hasenjagen abzuhalten, da klingelte mein Telefon. Als ich abnahm, war Friederikes Mutter am anderen Ende der Leitung.

»Björn, ich habe dir eine traurige Mitteilung zu machen«, leitete sie unser Gespräch nach einer kurzen Begrüßung ein.
Ich stutze.
»Ist etwas passiert?«, fragte ich dann.
»Ja«, sie zögerte. Dann fügte sie hinzu:
»Friederike hat sich umgebracht.«
Ich schluckte schwer und antwortete nichts. Mir fiel nichts ein, was ich hätte sagen können. Der Schock traf mich unvorbereitet und tief. Ein Schmerz zog vom Magen bis zur Lunge und erstickte mir fast die Stimme.
»Warum?«, hauchte ich durch das Telefon und räusperte mich anschließend. Ich rang um meine Fassung. Meine Kehle schnürte sich zu und heiße Tränen stiegen in mir auf.

»Sie hat sich die Pulsadern aufgeschnitten. Sie hat keinen anderen Ausweg gesehen. Ihr ist der Verlust ihres Kindes über den Kopf gewachsen«, antwortete Friederikes Mutter schonungslos und kalt.

Sie machte eine kurze Pause. Eine Pause, in der ich meinen Verstand wieder zum Laufen bringen wollte.

»Es tut mir so leid«, brachte ich mühsam hervor. Meine Kehle war trocken und zugeschnürt vor Trauer und Einsamkeit.

»Danke. Sie hat einen kurzen Abschiedsbrief hinterlassen. Wir wollen ihn dir schicken.

Gemeinsam mit einer Beschreibung, wo sie und Lea begraben worden sind.«

»Sie sind schon begraben worden?«, fragte ich tonlos und ein weiterer Schock sauste mir den Rücken hinab. Davon hatte ich nichts gewusst.

»Ja sind sie.«, sagte sie, ohne auf mein Erstaunen einzugehen.

Diesmal schwieg ich. Zu sehr lag jetzt Enttäuschung auf meiner Brust und ließ sie schwer wie Beton werden.

»Eine Sachen noch Björn: Wir möchten keinen Kontakt mehr zu dir. Mein Mann ist an Krebs erkrankt und wir wollen jetzt versuchen mit diesem Kapitel abzuschließen und unseren Frieden finden. Wir wollen allein und in Ruhe weiterleben. Bitte verstehe das und respektiere unseren Wunsch.«

»Natürlich. Natürlich akzeptiere ich das«, antworte ich und hörte meine Stimme wie aus weiter Ferne.

»Danke Björn. Leb wohl.«

»Ihr auch.«

Sie legte auf und ließ mich in einem Nebel aus Verwunderung, Traurigkeit, Verständnislosigkeit und Ungläubigkeit zurück.

Was ging hier nur vor? Nicht nur meine Tochter war nicht mehr da. Auch Friederike lebte jetzt nicht mehr und mit ihr die letzte Verbindung zu meinem toten Kind. Gemeinsam hätten wir das durchstehen können, doch nun war ich ganz allein. Musste ganz allein mit diesem Schicksal fertig werden. Plötzlich kam ich mir verlassen und isoliert vor.

Als wäre das alles nicht genug, wurde mir schlagartig klar, dass ich auf der Beerdigung der beiden nicht dabei gewesen war. Ich hatte nichts davon gewusst und war auch nicht eingeladen worden. Ich war bei der Geburt meiner eigenen Tochter nicht dabei gewesen und nun auch nicht bei ihrer Beerdigung. Bei dem Gedanken an diese grausame Ironie zog sich mein Mangen schmerzhaft zusammen. Wieder war ich ausgeschlossen worden. Wieder war ich nicht gut genug, um dabei sein zu dürfen. Dieser schreckliche Stempel zog sich nun schon durch mein gesamtes Leben. Wann würde das endlich aufhören?

Einige Tage später bekam ich die angekündigte Post von Friederikes Eltern. In diesem Brief stand, dass sie und meine Tochter anonym beerdigt worden waren. Ein Lageplan verriet mir den Namen des Friedhofes und beschrieb mir den

Weg zu dem Grab. Auch eine Kopie von Friederikes handgeschriebenem Abschiedsbrief war beigelegt worden. Ich nahm ihn in die Hand und las die wenigen Zeilen:

»Wenn die Kinder sterben, stirbt die Hoffnung. Für mich ist die Hoffnung gestorben. Es macht keinen Sinn dieses Leben weiterzuführen, ohne Hoffnung und ohne Kind. Tut mir leid Mama und Papa.«

Ich ließ alles stehen und liegen und fuhr sofort los. Auf dem Weg zum Friedhof kaufte ich noch zwei einzelne, rote Rosen. Beim Friedhof angekommen parkte ich mein Auto und schaute über das Gelände. Es war ein sehr kleiner Friedhof. Das komplette Gelände war mit einem schwarzen Zaun eingezäunt. Ich öffnete das Tor und Schritt auf eine Kapelle zu, die zentral auf dem Friedhof errichtet worden war. Ob dort drin, die Beerdigungszeremonie abgehalten worden war? Traurig ging ich an ihr vorbei. Dank der Lagebeschreibung fand ich das Grab recht schnell.

Es bestand aus einem großen grauen Grabstein, auf dem folgende Worte eingemeißelt waren: *Unseren Toten zum Gedenken.* Links und rechts von dem Stein standen zwei Rhododendronbüsche. Frisch aufgehäufte Erde war darum herum zu sehen.

Um den zentralen Grabstein herum, waren weitere kleinere Steine platziert. Am rechten, äußeren Ende des Grabes lag ein Stein, auf dem ein kleiner, steinerner Engel saß. Friederikes und Leas Namen waren in diesen Engel eingraviert. Auch das Jahr war darauf eingraviert: 2008. Ich legte die beiden Rosen neben den Engel und setzte mich davor. Noch ehe ich irgendetwas fühlen oder denken konnte, fing ich an zu weinen. Es schien, als ob all die Tränen, die in den vergangenen Wochen hatten fließen wollen, jetzt erst endlich aus mir herausbrachen. Alle auf einmal. Ich war 28 Jahre alt und alles, was ich mir bisher schwer erkämpft hatte, alles, was mir bis hierher lieb geworden war – war nun fort. Keine berufliche Basis. Kein Kind. Keine Ex-Freundin. Von einem, auf den anderen Tag hatte ich alles verloren.

Gedankenkarussell

Ich hatte alles verloren. Dieser Satz brannte sich förmlich in mein Gehirn ein und wurde zur Richtlinie all meines Denkens. Ich fühlte mich zu nichts mehr in der Lage und je länger ich mich so fühlte, desto mehr wurde es zur Realität. Ohne es zu merken, aber mit der größten Selbstverständlichkeit, die es für meine Situation hätte geben können, fiel ich tief in die schwärzeste und dunkelste Depression Deiner Vorstellungskraft.

Denke an das tiefste, dunkelste, beängstigendste und qualvollste Loch, das Du Dir vorstellen kannst. Und jetzt verdopple dieses Gefühl. Dann weißt Du ungefähr, wo ich mich emotional gerade befand.

Ich war Gefangener meines eigenen Kopfes.

Ich zog mich immer mehr zurück. Meine Gedanken drehten sich im Kreis. Immer und immer wieder flackerte die eine Frage vor meinem inneren Auge auf: *Warum tut ein Mensch sowas? Warum tut ein Mensch sowas einem Kind an? Wie konnte man so grausam sein?* Wie konnte man Sex mit einem unschuldigen Kind haben wollen? Die Suche nach der Antwort, trieb mich in den Wahnsinn. Ich konnte und wollte es nicht verstehen. Außerdem vermisste ich Lea in jeder Sekunde des Tages. Egal wohin ich schaute, oder woran ich dachte, immer tauchte ihr süßes Lächeln auf und ihr Verlust tauchte wieder messerscharf vor meinem Geist auf.

Immer wieder fragte ich mich: *Warum ich? Warum mein Kind? Womit habe ich das verdient?* Grausame Gedanken manifestierten sich in mir: *Ich bin nicht mal gut genug, um ein Kind haben zu dürfen. Ich bin so wenig wert, dass ich noch nicht mal mein eigenes Kind behalten darf. Ich bin der schlechteste Mensch der Welt. Zu nichts zu gebrauchen und für nichts gut genug.* Selbstzweifel machten sich breit. Mein Selbstwertgefühl löste sich in Luft auf und mein Selbstbild verkümmerte in etwas, dass weniger war, als eine Mikrobe.

Währenddessen verschwanden Lebensfreude, Motivation und Leistungsfähigkeit fast gänzlich aus meinem Selbst.

Alles erschien trist und freudlos. Nichts brachte mir mehr Freude. Nichts. Ich fühlte mich antriebslos, müde, wertlos, hilflos, hoffnungslos, schuldig, gereizt und gleichzeitig auch ängstlich. Ich wusste nicht mehr, wie das Leben funktionierte.

Anstatt irgendetwas gegen meinen Gedankenstrudel zu unternehmen, blieb ich lieber im Bett und zog mir die Decke über den Kopf. Ich konnte nicht mehr. Ich wollte nicht mehr. Ich wollte keine Menschen mehr sehen oder treffen. Auch Freunde wollte ich nicht mehr besuchen. Ich wollte allein sein. Allein und tieftraurig in meinem dunklen Loch.

Ich war mit jeder Situation, die mir am Tag begegnete, überfordert. Ich war damit überfordert, einkaufen zu gehen. Ich war damit überfordert, mit Menschen zu sprechen. Ich war damit überfordert, meinen Haushalt zu führen und mit jedem weiteren Tag wurde es noch schlimmer.

Nach und nach stellten sich Panikattacken ein. Ich konnte weder Menschen ansprechen noch alleine irgendwo hingehen. Es war zum Verzweifeln.

Mein Hund Leon war da, meine Freunde waren da und meine Eltern waren da, aber ohne Begleitung war ich zu nichts mehr in der Lage. Ich konnte beispielsweise noch einmal allein in ein Restaurant gehen und dort einfach etwas zu Essen bestellen. Allein das Betreten der Lokalität löste eine Panikattacke aus. Ich brauchte immer Begleitung. Wie ein Kind.

Ich kann mich noch gut an einen ganz bestimmten Fall erinnern: Ich wollte zu einem Fast-Food-Restaurant fahren und mir eine Portion Pommes frites am Drive-In Schalter bestellen. Allein. Ich hatte das schließlich die letzten Wochen fleißig mit jemandem geübt. Ich hatte es mir fest vorgenommen und fuhr mit dem Auto auf das Gelände. Noch ehe ich denken konnte, hatte ich die Drive-In-Spur verpasst. Stattdessen stellte ich mein Auto auf dem Parkplatz ab. Ich hatte nicht zum Drive-In-Schalter abbiegen können. Der Gedanke daran, dass ich hätte mit einer Person sprechen müssen, war zu mächtig gewesen. Das konnte ich nicht. Ich schwitzte und rang mit mir. Es konnte doch nicht sein, dass ich mir keine Pommes bestellen konnte! Ich überlegte noch, ob ich einfach zu Fuß reingehen sollte und dort meine Bestellung aufgeben sollte. Aber auch das schaffte ich nicht, sondern verließ den Parkplatz hungrig und unverrichteter Dinge.

Dann kamen Schlafstörungen hinzu. Ich konnte nachts nicht mehr schlafen. Ich wälzte mich stundenlang hin und her oder machte die Nächte gleich durch. Wenn ich dann doch mal schlief, hatte ich wilde Alpträume. Durch den Schlafmangel fehlte es mir zunehmend an Konzentration. Konzentration für mein Geschäft, für mich und für mein Leben. Daraus resultierten heftige Stimmungsschwankungen und natürlich verzweifelte Gedankenstrudel.

Und irgendwann wusste ich nicht mehr, wie spät es war, oder welchen Tag wir überhaupt hatten. Auch Raum und Zeit hatten mich verlassen.

Die permanente Überforderung merkte man mir auch bald akustisch an. Sollte ich mit fremden Menschen sprechen, dann überschlug sich meine Stimme. Ich begann zu stottern, zu nuscheln und ich sprach die Worte in Lichtgeschwindigkeit aus, sodass mich niemand mehr ordentlich versehen konnte.

Ich wünschte mir nichts sehnlicher, als einfach selbstbestimmt entscheiden zu können und mit selbstbewusster Stimme sagen zu können: „Ich möchte bitte eine Pommes mit Mayonnaise!" Wie leicht hätte das sein können, wäre ich nicht in meinem eigenen Kopf gefangen.

Ich verschenkte dabei viel Zeit und erlebte viele traurige Tage. Ich muss an dieser Stelle zugeben, dass ich auch nicht ernsthaft versuchte, etwas zu verändern. Ich mied Clubs und Diskotheken, konnte kaum allein einkaufen gehen und hatte Probleme mit größeren Menschengruppen und Menschenmassen. Ich mied im Grunde alles, was es zu meiden gab. Wenn sich zu viele Menschen auf einem Haufen aufhielten, musste ich diesen Ort fluchtartig verlassen. Die Flucht war für mich wie ein innerer Instinkt. Menschenmassen lösten in mir immer das Gefühl einer Bedrohung aus. Ich dachte ständig daran, dass gleich irgendetwas Schlimmes passieren könnte, wenn ich mich mitten in der Gruppe oder der Masse aufhalten würde. Es war ein Zustand, den ich nicht mehr lange ertragen wollte.

Natürlich war ich nach dem Verlust meiner Tochter in Therapie. Psychotherapie, um genau zu sein. Sie diagnostizierten eine Depression in Folge einer posttraumatischen Belastungsstörung (PTBS) und eine Anpassungsstörung. Und damit hatte ich eine wunderbare Antwort auf mein merkwürdiges Verhalten: Ich war psychisch krank.

In der Therapie erarbeitete ich mir einen „Trick", mit dem es mir gelang, erstmals wieder allein einkaufen zu gehen.

Ich fand heraus, dass mir Musik half. Wenn ich mir schon zu Hause Kopfhörer aufgesetzt hatte und diese auf voller Lautstärke aufgedreht waren, dann konnte ich durch diese starke Ablenkung meine Ängste in Schach halten und das Einkaufen überstehen.

Das Jahr 2008 zog dahin und nach diesem ersten Erfolg schloss ich mich verschiedenen Selbsthilfegruppen an. Langsam aber sicher wollte ich raus aus meiner Lage und wieder ein „normales" Leben führen.

Durch die Selbsthilfegruppen lernte ich viele Menschen kennen, die ebenfalls ein großes Problem mit sich und ihrem Leben hatten. Aber auch durch zufällige Begegnungen schien ich plötzlich Menschen anzuziehen, die ähnlich schwere Schicksalsschläge hinter sich hatten, wie ich.

Trotzdem war ich nicht in der Lage eine gesunde Bindung zu diesen Menschen aufzubauen. Noch nicht. Teilweise waren das sogar toxische Menschen, die noch extrem stark in ihren eigenen Erlebnissen oder Süchten gefangen waren. Sie drückten mir den „Retter-Stempel" auf und klammerten sich in der Hoffnung an mich, ich würde ihnen aus ihrer Situation heraus helfen. Natürlich war ich gar nicht im Stande, diesen Menschen zu helfen. Ich war ja selbst noch völlig traumatisiert und depressiv und brauchte selbst Hilfe.

Neben der Therapie erkannte ich auch in Gesprächen mit anderen depressiven Menschen, wie viele Wege es gab, mit einer Depression umzugehen. Manchmal funktionierten die verrücktesten Dinge. Ich hörte von Menschen, die ihre Hände in eiskaltes Wasser tauchten, um ihren seelischen

Schmerz dorthin abzulenken. Andere Menschen fingen mit Joggen an, um sich aus ihrer Lethargie zu befreien und aktiv zu werden. Manche Menschen konnten sich mit lauter Musik und langen Autofahrten ablenken. Oder es gab Menschen wie mich, die sich längere Schlafzeiten gönnten, um die Folgen der Depression abzuschwächen. Es gab aber auch Menschen, die einfach im Wald spazieren gingen und die Ruhe und die Natur brauchten, um ihren Schmerz zu lindern.

Wenn Du eine Depression hast, dann wünsche ich Dir von Herzen, dass Du sie besiegst und überwindest. Dafür wünsche ich Dir alle Kraft dieser Welt.

Arschloch

Das Jahr 2008 ging zu Ende und der bunte Herbst wich einem kalten, aber noch schneelosen Winter. Ich war immer noch in meinen Gedankenstrudeln gefangen, partnerlos und perspektivlos. Ich hatte mir neue Ladenfläche mieten können, aber das Geschäft lief unsagbar schlecht. Schließlich war ich noch immer nicht arbeitsfähig. Noch immer krank. Noch immer depressiv. Nichts hatte mehr Priorität. Nichts war mehr wichtig.

Eines Abends saß ich mit Leon auf dem Sofa und kraulte ihn gedankenverloren, während der Fernseher lief. Ein Musiksender, der die neusten Musikvideos zeigte. Ich hörte gar nicht richtig zu. Es sollte mich nur ablenken. Ablenken sollte mich auch Leon, der da gerade zufrieden neben mir lag und döste. Ich blickte zu ihm hinab und ein Hauch von etwas, dass man vielleicht Freude nennen könnte, züngelte schwach in meiner Brust. Wenigstens ging es Leon gut. Er war alles, was ich noch hatte. Während ich ihn liebevoll betrachtete, fiel mein Blick auf meinen linken Arm, der Leon immer noch kraulte. Da war eine Schwellung. Ich wunderte mich etwas darüber, aber weil sie nicht weh tat, dachte ich, mich hätte ein Insekt gestochen.

Doch es wurde nicht besser. Im Gegenteil. Die Schwellung verhärtete sich mit der Zeit und wurde unangenehm schmerzhaft. Schließlich ging ich zum Arzt und nach vielen verschiedenen Untersuchungen und Gesprächen war das Ergebnis da.

Erschrocken starrte ich den Arzt an.

»Was soll das heißen, ich habe ein Liposarkom?«, fragte ich ungläubig. »Was ist das?«

Der weißhaarige Arzt in seinem ebenso weißen Kittel sah mich über seinen Schreibtisch hinweg ausdruckslos an. Ich merkte sofort, dass ein Liposarkom keine gute Nachricht war. Nach einem langen Schweigen sprach er es endlich aus:

»Herr Scholz, es tut mir sehr leid. Sie haben Krebs.«

»NEIN!«, sagte ich sehr laut und sehr bestimmt. Er musste lügen. Das konnte nur ein Scherz sein. Das konnte nicht wahr sein!

Seufzend nahm der Arzt seine Brille ab und faltete die Hände auf dem Tisch. Offenbar hatte er oft solche Reaktionen wie meine auf die Diagnose Krebs. Aber wen wundert das? Wer will schon gerne hören, dass er Krebs hat?

»Ein Liposarkom ist ein bösartiger Tumor des Weichteilgewebes. Er befällt bevorzugt Fettgewebe. Diese Krebsform ist sehr selten und tritt eigentlich überwiegend bei Männern ab 50 Jahren auf. Die Häufigkeit dieser Krebsart wird international mit etwa 2,5 Neuerkrankungen je einer Million Einwohner und Jahr angegeben«, fuhr er ungerührt fort.

»Und jetzt?«, fragte ich, obwohl es mir vor der Antwort graute. »Werde ich sterben?« Der Arzt zögerte.

»Nicht unbedingt. Im ersten Schritt werden wir den Tumor entfernen, der in Ihrem linken Unterarm sitzt und wenn das nicht reicht, können wir eine Chemotherapien beginnen. Eine Chance den Krebs zu besiegen gibt es also. Ihre Krebsart ist jedoch sehr selten, das kann die Chance auf Heilung leider mindern. Wenn Sie dem zustimmen, werde ich alles in die Wege leiten.«

Ich nickte schwach und hörte seinen weiteren Erklärungen zum weiteren Verfahren kaum noch richtig zu.

Was blieb mir anderes übrig, als die Chemotherapie zu machen? Sterben? Dazu hatte ich aktuell noch keine Lust.

Als er geendet hatte und alles geklärt war, verließ ich geknickt und mit hängenden Schultern sein Behandlungszimmer.

Was für ein Tag ...

2,5 von 1 Million Menschen pro Jahr erkranken an einem Liposarkom, wenn sie über 50 Jahre alt sind, und dann trifft es MICH? Während ich gerade einmal 28 Jahre alt war? Nachdem ich sowieso schon völlig am Ende und ein halbes Jahr zuvor meine Tochter verloren hatte? Womit zur Hölle hatte ich das bitte verdient? Welche Bestrafung sollte ich mir damit abholen? Ich konnte und wollte es nicht glauben.

Es dauerte nicht lange, da lag ich schon im OP-Saal und es begann Schritt eins zur Genesung: Die Entfernung des Tumors. Der Eingriff erfolgte ambulant.

Das bedeutete in meinem Fall, dass sie meinen Arm lokal betäubten und dann den Tumor herausschnitten. Ich war dabei die ganze Zeit wach. Ich empfand diesen Eingriff aber als gar nicht schlimm. Im Gegenteil. Sie behandelten mich freundlich und die Operation ging verdammt schnell.

Dann vergingen einige Monate und wir warteten. Wir warteten darauf, ob die Krebszellen aus meinem Blut verschwanden, oder nicht.

Bei meinem Glück verschwanden die Krebszellen natürlich nicht. Es war, als hätte ich das Pech gepachtet. Im weiteren Untersuchungsverlauf stellten sie fest, dass der Tumor bereits gestreut hatte. Das bedeutet, er hatte bereits Metastasen gebildet, die an anderen Stellen in meinem Körper einen neuen Tumor bilden würden. Um das zu verhindern, kam die Chemotherapie zum Einsatz. Auch zu dieser Maßnahme willigte ich ein. Damals glaubte ich noch an die Schulmedizin. Ich wurde für die Dauer der ersten Chemotherapie stationär aufgenommen. Doch bereits am ersten stationären Behandlungstag flüchtete ich Hals über Kopf aus der Klinik.

Ich war in einem Dreibettzimmer untergebracht worden. Zu meiner Linken lag ein alter Mann, dessen Haut so bleich aussah, wie die einer Leiche. Sein Anblick gruselte und verfolgte mich noch in meinen Träumen. Rechts von mir lag ein jüngerer Mann, vielleicht Mitte zwanzig. Ich wusste nicht, warum er hier war, aber er sah kränker aus, als meine Vorstellung es bis dahin zugelassen hatte. Er hatte kaum noch Haare, war abgemagert wie ein

Skelett und nur am Kotzen. Ich wollte nicht so enden. Bitte nicht! Mitten in meinen wirbelnden Gedanken, um diese neuen Leidensgenossen flog die Zimmertür auf und eine Ärztin kam herein.

»Guten Tag Herr Scholz, ich habe hier noch einige Dokumente, die Sie mir für die Chemotherapie bitte unterschreiben müssen«, sagte sie und hielt mir die Zettel vor die Nase. Mechanisch griff ich danach und starrte auf das erste Blatt. Ich verstand nichts davon. Abgelenkt von meinen beiden Bettnachbarn und mit meinen immer noch wild wirbelnden Gedanken um meine jetzige Situation, war ich völlig überfordert. Überforderung war ein neues Grundgefühl geworden. Sowas wie ein ständiger Begleiter, der aus seinem Versteck sprang und sich zum Clown machte, wenn es am wenigsten passte. Ich wusste nicht, was ich tun sollte. Ich war allein hier. Meine Eltern waren vor einer Stunde gegangen.

Ich konnte das Papier nicht unterschreiben. Panik hielt mich davon ab. Warum erklärte sie mir nicht, was da stand? Danach fragen konnte ich auch nicht. Mein Herz schlug wild in meiner Brust.

»Ich möchte das Lesen. Zuerst. Und dann schreiben. Und dann unterschreibe ich«, stammelte ich, aber die Ärztin hatte mich verstanden.

Sie nickte.

»Gut, dann drücken Sie einfach den Rufalarm, damit eine Krankenschwester die Papiere abholen kommt und zu mir bringt, einverstanden?«

Benommen nickte ich, verstand aber gar nichts. Mir war extrem gruselig und unwohl. Ich starrte die Papiere an, aber sah

nicht was darauf geschrieben stand. Ich blickte durch sie hin-
durch. Unfähig zu denken oder mich zu bewegen, saß ich da und
versuchte mich zu beruhigen. Versuchte zu verstehen, was die
letzten Tage alles passiert war. Krebs? Hieß das, ich würde ster-
ben? Ich wusste es nicht und plötzlich wollte ich es auch nicht
mehr wissen. Ich wollte gar nichts mehr wissen. Ich wollte nur
noch weg. Weit weg, ich wollte mit all dem und mit mir selbst
nichts mehr zu tun haben. Es war zu schwer. Es war einfach alles
zu schwer.

Ohne die Dokumente unterschrieben zu haben, floh ich
aus der Klinik, setzte mich in mein Auto und fuhr an die
Nordsee. Noch am Abend des gleichen Tages kam ich dort
an. Ich wollte weit weg sein. Ich wollte allein sein und
brauchte frische Luft für einen klaren Kopf. Doch als ich
dort ankam und allein am Strand saß, brach alles über mir
zusammen. Ich weinte wie ein kleines Kind. Ich hatte ernsthaft gedacht, nach dem Tod meiner Tochter könnte es nicht
mehr schlimmer kommen. Ich hatte mich geirrt. Nun war
auch mein eigenes Leben bedroht. Ich war so unendlich
traurig, weil ich es im Krankenhaus nicht ausgehalten hatte.
Ich hatte wieder etwas nicht gepackt, war wieder gescheitert, war wieder ein Versager. Mein Selbstwertgefühl meldete sich und trampelte mein letztes bisschen Hoffnung nieder. Hoffnung? Auf was?

Nachdem ich mich einigermaßen beruhigt hatte, rief ich
mehrere Freunde an und erzählte ihnen, was passiert war.

Sie waren geschockt und redeten auf mich ein, unbedingt zurück in die Klinik zu fahren und die Chemotherapie zu beginnen. Ich war nicht so recht überzeugt. Ich war nicht umsonst geflohen. Ich konnte und wollte es in dieser Klinik nicht aushalten. Die Sonne war mittlerweile untergegangen und vom Mond abgelöst worden. Es herrschte tiefschwarze Nacht. Das Meer war wunderschön zu dieser Zeit. Ich hörte die Wellen rauschen, einige Möwen in der Ferne rufen und spürte den eiskalten und zugigen Wind auf meiner Haut. Ich konnte die Kälte fühlen, die von unten in jeden meiner Knochen kroch. Ich fühlte etwas! Welch überwältigendes Gefühl. Im Krankenhaus hatte ich nichts fühlen können. Ich sah noch eine Weile den Wellen zu. Diesem schwarzen, unaufhaltsamen und unbarmherzigen Meer konnte nichts etwas anhaben. Es war stark und unbeirrbar. Es war respekteinflößend und gruselig.

Plötzlich wusste ich, was ich tun wollte. Nach vielen weiteren Stunden machte ich mich also mitten in der Nacht auf den Rückweg. Ich fuhr aber nicht zurück in die Klinik. Stattdessen fuhr ich nach Hause. Ich brachte mich an einen Ort, an dem ich mich geborgen und sicher fühlen konnte.

Ich sprach mit dem Krankenhaus und schilderte mein Unwohlsein. Die Reaktion war überraschend. Sie boten mir an, die Chemotherapie ambulant durchzuführen. Drei Monate sollte sie dauern. Dieses Angebot nahm ich natürlich sofort an, bereute es aber fast unmittelbar. Ich schwöre Dir, alles, was du im Fernsehen oder im Internet über Chemotherapien gesehen hast, ist wahr.

Ich musste mich ständig erbrechen. Das tat so weh und war so anstrengend, dass ich über die drei Monate 20 Kilo abnahm. Bei einer Größe von 1,78m wog ich nur noch 60 Kilo. Ich verlor auch meine Haare. Erst büschelweise. Dann eine ganze Faust voll, jeden Tag. Ich rasierte sie mir schließlich alle ab, ich wollte nicht jeden Tag Berge von Haaren wegfegen müssen. Irgendwann fielen auch Wimpern und Augenbrauen aus.

Für mich waren das aber nicht nur Haare, die ich gezwungenermaßen opfern musste. Für mich war es ein Verlust meiner Persönlichkeit.

Eines Tages schaute ich in den Spiegel und erkannte mich selbst nicht mehr. Haarlos, bleich, dürr und ausgezehrt fragte ich mich, wer ich überhaupt noch war und wozu ich das alles erleiden musste.

Bereits nach einem Monat war mein Körper von der Chemotherapie so geschwächt und ausgemergelt, dass ich sogar einen Rollator benutzen musste, um mich auf den Beinen halten zu können. Ich war am Ende meiner Kräfte.

Jetzt konnte ich auch meinem Hund Leon nicht mehr gerecht werden. Ich hatte keine Kraft, ihn zu halten und mit ihm Gassi zu gehen. Logischerweise. Ich hatte gerade andere Probleme. Daraufhin zog er bei meinen Eltern ein. Die wohnten ja nur ein Haus weiter. So konnte ich trotzdem immer in seiner Nähe sein, auf ihn aufpassen und meinen Eltern mal hundefreie Zeit verschaffen. Er tat mir in dieser Zeit unglaublich gut. Während sich viele Freunde von mir abwandten, weil ich sterben würde, blieb mir Leon treu. Er freute sich jedes Mal tierisch, wenn ich ihn besuchen kam, oder wenn meine Eltern ihn zu mir brachten. Leon ging es bei meinen Eltern sehr gut. Sie hatten mehr Zeit für ihn und konnten ihn während meiner Krankenhausaufenthalte besser beschäftigen.

Dafür war mein Gedankenkarussell aktiver als je zuvor. Wut, Traurigkeit, Machtlosigkeit, Angst, Verständnislosigkeit, Überforderung, Verzweiflung, Ausweglosigkeit – ich fühlte alles gleichzeitig und war immer noch dabei zu verarbeiten, was nur ein halbes Jahr zuvor passiert war. Wie war es nur so weit gekommen? Meine Tochter war tot und als Dank dafür hatte ich nun ich Krebs? Ich konnte mit der Schnelligkeit, mit der sich mein Leben fortbewegte, nicht Schritt halten.

Kurz bevor die Chemotherapie offiziell zu Ende gewesen wäre, brach ich sie ab. Ich wollte nicht mehr. Ich konnte die Schmerzen nicht mehr ertragen. Alle meine Knochen brannten wie Feuer. Das ständige Erbrechen reizte Magen und Darm und ich hatte das Gefühl, dauerhaft 40 Grad Fieber zu haben. Meine Freunde musste ich bitten, für mich einkaufen zu gehen, alleine duschen konnte ich auch nicht mehr, da ich mich kaum auf den Beinen halten konnte. Ich war den ganzen Tag auf Hilfe angewiesen. Diese Zeit der Hilflosigkeit war fast so unerträglich wie der Verlust meiner Tochter. Beides zugleich fühlte sich an, wie mein Todesurteil. Meine Freunde und meine Familie drängten mich dazu, weiterzumachen. Sie wollten, dass ich gesund werden würde. Ihnen zuliebe probierte ich alternative Therapien aus: Brennesseltherapie, Ernährungsumstellung, diverse therapeutische Unterstützung durch Heilpraktiker, Gesprächstherapie, Geistheiler, Schamanen, sowie eine Skorpiongifttherapie. Aber eigentlich wollte ich nur noch sterben. In den jeweiligen Nachsorgeuntersuchungen erfuhr ich, dass mir all die alternativen Therapien nicht geholfen hatten. Mein Krebs blieb ein verdammt hartnäckiges Arschloch.

Es blieb dabei: Ich würde sterben. Also konnte ich den Prozess doch auch gleich beschleunigen, oder?

Schäfchen zählen

Gesagt getan. Ende 2009, ich war gerade 29 geworden, hatte ich eine neue Idee, mir das Leben zu nehmen. Ich fuhr in den nächstbesten Drogeriemarkt und besorgte mir 10 Pakete irgendeines Schlafmittels. Es war mir egal. Ich wollte nur noch schlafen und am besten nie wieder aufwachen. Ich wollte schlafen, um alles zu vergessen. Ich wollte schlafen, um den Schmerz und das Leid nicht mehr fühlen zu müssen, das mich immer noch fest im Griff hatte.

An der Kasse schüttete ich meine Arme voller Schlafmittel auf das Kassenband. Die Kassiererin sah mich stirnrunzelnd an.

»Was haben Sie denn damit vor?«, fragte sie misstrauisch.

»Ich will mir einen Vorrat anlegen. Ich wohne auf dem Land und komme hier nicht so oft vorbei«, antwortete ich tonlos. Natürlich war das glatt gelogen, aber die Kassiererin war offensichtlich mit meiner Antwort zufrieden. Zumindest stellte sie keine weiteren Fragen, sondern zog Packung für Packung über den Scanner ihrer Kasse.

Ich bezahlte und stapelte die Pakete wieder in meine Arme.

»Einen schönen Tag noch«, sagte die Kassiererin zum Abschuss, aber da hatte ich mich bereits umgedreht und verließ den Drogeriemarkt.

Ich fuhr auf direktem Weg nach Hause. Sofort stürzte ich in die Küche, schnappte mir eine Flasche Wasser und eilte ins Schlafzimmer. Mein Herz schlug laut und hämmerte aufgeregt gegen meine Brust, während ich sämtliche Tabletten aus ihren Verpackungen befreite, die ich gekauft hatte. Ich würde es tun. Ich war fest entschlossen. Ich nahm immer eine Hand voll in den Mund und spülte sie hinunter. Tablette für Tablette. Jede Einzelne. Insgesamt hatte ich mir bestimmt über 50 Tabletten nacheinander in den Mund geschüttet. Ich legte mich auf mein Bett und schlief fast im selben Moment noch ein.

Doch mein Körper wehrte sich mit allen Kräften gegen das ganze Gift. Ich wachte auf und erbrach einen riesigen Schwall aus Essen, Tabletten und Blut direkt vor mein Bett. Mein Bauch krampfte, alles drehte sich und von der kleinsten Bewegung wurde mir erneut speiübel. Hätte ich jemals Alkohol getrunken – so hätte sich bestimmt ein Kater angefühlt.

Wieder sollte es also nicht sein. Diesmal rettete mich mein eigener Körper. Er wusste offensichtlich, was ich vorgehabt hatte, oder war mit der Menge an Tabletten so überfordert gewesen, dass er sie deswegen postwendend wieder rausgeschickt hatte. Der menschliche Körper ist schon ein Wunderwerk.

Ich sprach mit niemandem über diesen Selbstmordversuch. Wieder schämte ich mich für mich selbst. Am nächsten Tag machte ich weiter, als sei nichts passiert. Und gleichzeitig hatte sich nichts verbessert.

Doch meine Selbstmordgedanken hörten natürlich nicht so plötzlich auf, wie ich die Tabletten erbrochen hatte. Der Verlust meiner Tochter, der Verlust von Friederike, meine Depression und der Krebs. Parallel lief natürlich auch mein Geschäft nicht mehr. Meine komplette Lebenssituation überforderte mich. Ich wusste nicht mit meinem Leben umzugehen. Es war einfach zu viel zum Ertragen.

Trotzdem hielt ich mich irgendwie über Wasser, denn eine zweite Frage, die mich mein ganzes Leben beschäftigte, war immer noch ungeklärt. Und je länger ich mich mit dem Thema Tod beschäftigte, desto größer wurde die Neugier auf die Antwort: *Warum hatte meine Erzeugerin mich eigentlich zur Adoption frei gegeben?*

Familientreffen

Im Jahr 2010 wurde ich 30 und ging wieder einmal zu einem Nachsorgetermin. Diesmal warteten der Chefarzt der Klinik, der Chefarzt der Chirurgie und der Chefarzt der Internistik auf mich. Sie alle drei überbrachten mir die schlechte Nachricht: Es gebe wenig Aussicht darauf, dass dieser Krebs mich noch lange leben ließe und dass eine weitere Chemotherapie wahrscheinlich nichts bringen werde. Meine Situation war also aussichtslos und ich solle mich darauf einstellen, spätestens in einem halben Jahr zu sterben. Da war es also. Das Ende der Fahnenstange war erreicht.

Ich bin missbraucht und gemobbt worden, habe meine Tochter auf brutalste Weise verloren und als Dank dafür, dass ich das alles ausgehalten habe, werde ich sterben? Was für eine Gerechtigkeit.

In meinem Umfeld gab es allerdings weiterhin Menschen, die hartnäckig an mich glaubten und mich bestärkten. Ich kann mich ehrlich gesagt nicht erinnern wie und warum, aber ich kämpfte weiter um mich und mein Leben. Und diesmal kämpfte ich ernsthaft. Ich stellte meine Lebensweise, vor allem aber meine Denkweise komplett um. Dadurch konnte ich endlich über meine eigene Vergangenheit, über den Tod meiner Tochter und über meine Krebserkrankung sprechen. Endlich, nach so vielen Jahren begann ich mit Freunden und Therapeuten ehrlich und ausschweifend über meine Erlebnisse und meine Gefühle zu sprechen. Und es half! Nichts war befreiender und erleichternder, als zu erzählen, was mir passiert war. Es war, als ob ich einen Teil meines schweren Rucksackes endlich ablegen konnte.

Ich beschäftigte mich immer mehr mit dem Leben, tauchte ein in verschiedene spirituelle Verfahren, beschäftigte mich intensiv mit dem Buddhismus, besorgte mir Heilsteine und Bücher über Energien und den Fluss des Lebens.

Am Anfang allen Lebens steht die Geburt und so machte ich mich auf die lange Suche nach meiner Erzeugerin, um sie zu fragen, warum sie mich zur Adoption frei gegeben hatte.

Sollte ich frühzeitig sterben, so wollte ich zumindest noch herausfinden, woher ich kam, bevor ich wieder ging.

Viele Informationen hatte ich jedoch nicht, denn ich war eine Inkognito-Adoption gewesen. Das bedeutet, dass die leibliche Mutter anonym bleiben möchte, keinen Kontakt zum Kind wünscht und nirgendwo Informationen zur Kontaktaufnahme hinterlassen hat. Alles, was ich hatte, waren also die Erzählungen meiner Eltern und die Adoptionsunterlagen, die ich einsehen durfte. Darin geht es z.B. um die Beantragung der Adoption, den Gerichtsbeschluss, die Genehmigung zur Adoption durch das Jugendamt und um die

Annahme eines Kindes. In meinem Fall die Annahme des Kindes „Daniel".

Du hast richtig gelesen. Ich wurde nicht als Björn geboren.

Meine Erzeugerin wurde im Krankenhaus fälschlicherweise nach einem Namen für ihr Kind gefragt, also gab sie den Namen „Daniel" an. Wenn klar ist, dass ein Kind nach der Geburt direkt zur Adoption frei gegeben werden soll, erhält es normalerweise keinen Namen. Diesen dürfen stattdessen die Adoptiveltern aussuchen. Dem Krankenhauspersonal ist hier leider ein Fehler unterlaufen, daher durften meine Adoptiveltern mich im nach hinein noch umtaufen.

Weil aus diesen Unterlagen aber natürlich nicht hervorgeht, wer die eigenen Erzeuger waren bzw. sind, musste ich noch einen Schritt weiter gehen.

Also beantragte ich eine Akteneinsicht zu meinen Adoptionsunterlagen beim Amtsgericht meines Landkreises.

Kurz darauf meldete sich das Gericht mit einem Antwortschreiben zurück, in dem geschrieben stand, dass meine geforderte Akte nun zur Einsicht bereit liege. Ich machte mich also auf den Weg zum Amtsgericht und bekam die Akte vorgelegt. Es war ein aufregender Moment. Die Akte wurde vor mir auf den Tisch gelegt und ich blickte auf die geschlossene Vorderseite. Darin würde nun endlich stehen, woher ich stammte, wer ich war und wer meine Erzeugerin war. Ich durfte die Akte lesen, aber nicht behalten. Daher saß die ganze Zeit eine Dame des Amtsgerichtes dabei. Ich notierte mir Name, Adresse und Geburtsdatum der Person, die in der Akte als meine Erzeugerin notiert war und verließ das Amtsgericht voller Motivation, meine Erzeugerin kennenlernen zu können. Ich hatte eine erste Spur.

Einige Tage später fuhr ich aus reiner Neugier zu der Adresse aus der Akte und schaute mir das Haus an. Ich parkte etwas abseits und ging zur Haustür. Ich wollte wissen, wer da wohnte. Schließlich war die Adresse aus der Akte zu dem Zeitpunkt 30 Jahre alt. Es wäre nicht ungewöhnlich gewesen, wenn sie innerhalb von 30 Jahren umgezogen wäre. Und es kam, wie es kommen musste; der Name am Klingelschild war ein völlig anderer. Ich war also wieder bei Null.

Frustriert erzählte ich mehreren Bekannten von meiner Entdeckung und der gleichzeitigen Enttäuschung, dass meine Recherche zu nichts geführt hatte. Wie es der Zufall wollte, meldete sich zwei Wochen später ein Bekannter von mir und berichtete, er könne mir, mit Hilfe seiner Position in einem bekannten Telekommunikationsunternehmen, die Adresse meiner Erzeugerin nennen. Ich nahm seine Information dankend an.

Daraufhin gab ich die Adresse in einer Suchmaschine im Internet ein und schaute mir auf der Karte an, wo die Frau wohnte. Ihr Wohnort war ungefähr eine Stunde von meinem Haus entfernt.

Ich schrieb ich ihr einen Brief und erklärte ihr darin, dass ich nicht mit der Tür ins Haus habe fallen wollen und mich nicht in der Lage gefühlt habe einfach zu klingeln, um mit ihr zu reden. Weiter schrieb ich ihr, dass ich nicht aufdringlich sein wolle, aber sie sehr gerne einmal kennenlernen wolle. Im Brief hinterließ ich auch meine Telefonnummer. Es vergingen drei lange Tage. Tage, an denen ich täglich zu meinen Eltern ging, um Leon zu besuchen. Gemeinsam spekulierten wir darüber, wie meine Erzeugerin die Nachricht aufnehmen würde, ja, ob sie sich überhaupt auf meine Nachricht hin melden würde.

Die Zeit der Ungewissheit und der Aufregung war jedoch recht schnell vorbei, als ganz plötzlich mein Telefon klingelte. Sie hatte mich einfach und unkompliziert angerufen. Als wir miteinander telefonierten, wurde mir das komplette Gegenteil von Abneigung gegenüber gebracht. Sie meinte, es wäre schön, dass ich mich gemeldet hätte, den Schritt gewagt hätte. Die nächste Zeit telefonierten wir viel und lange, um uns erst einmal ein wenig kennenzulernen. Erst nach etwa einem Monat verabredeten wir uns zu einem Treffen. Sie lud mich auf ihren Hof ein. Dort war ihr Lebensmittelpunkt. Sie lebte gemeinsam mit Pferden auf diesem Hof und kümmerte sich um die Betreuung und die Pflege der Tiere.

Meine Gedanken kreisten schon um das bevorstehende Treffen, ehe ich losgefahren war. Ich warf einen raschen Blick aus dem

Fenster. Dieser Sommer war total verregnet, daher überlegte ich, ob ich eine Jacke mitnehmen müsste. Ich sah erste dunkle Wolken am Himmel, aber es hatte noch nicht zu regnen angefangen. Ich entschied mich gegen eine Jacke, schnappte mir meine Schlüssel und lief zu meinem Auto. Als ich eingestiegen war, entfuhr mir ein langer Seufzer. Ich war aufgeregter, als ich dachte. Beherzt startete ich den Motor und fuhr los.

Die Fahrt dauerte eine Stunde. Die Autobahn war leer, die Landstraßen auch. Je näher ich ihrem Hof kam, desto aufgeregter wurde ich. Wir hatten zwar schon oft und lange telefoniert, trotzdem wusste ich nicht so recht, was mich erwarten würde. Ich erreichte den Hof komplikationslos, parkte, stieg aus und schaute auf das riesige Bauernhaus. Ein Pferdehof, wie er im Buche stand. Ich ging eine kleine Treppe zur Haustür hinauf und klingelte. Nach kurzer Zeit öffnete sich die Tür und ich blickte in das Gesicht einer Mitte 50 Jahre alten Frau. Ihr Gesicht verriet nicht, was sie dachte. Ich erkannte sie. Auf einem Foto hatte ich ihr Gesicht schon einmal gesehen. Das war sie. Meine Erzeugerin. Wir begrüßten uns nicht. Wir gaben uns weder die Hand, noch umarmten wir uns. Fast im gleichen Augenblick kamen drei Hunde um die Ecke gesaust. Zwei große und ein kleiner. Sie begrüßten mich freundlich und interessiert. Ich streichelte sie. Meine Erzeugerin lud mich ins Haus ein und führte mich durch einen langen Flur in die Küche. Dort stand ein großer Tisch. Hier könnten bestimmt sechs Personen Platz finden. Sie lud mich ein, mich zu setzen. Ich wählte einen Stuhl, kurz danach setzte sie sich an das andere Ende des Tisches. Es wirkte, als wolle sie so weit von mir entfernt sitzen, *wie es nur ging. Die ersten Augenblicke herrschte Schweigen. Keiner von uns wusste so recht, wie wir das Gespräch beginnen könnten. Betreten schaute ich mich in der Küche um. Hinter dem Stuhl meiner Erzeugerin war ein Fenster, rechts von ihr führte eine geschlossene Tür zu einem Badezimmer. Hier stand auch eine schlichte Küchenzeile. Auf der linken Seite der Küche führte eine weitere Tür in ein Wohnzimmer. Ansonsten war die Wand leer.*

Dann kam ihr Lebensgefährte in die Küche. Er begrüßte mich per Handschlag und setzte sich wie selbstverständlich dazu. Wir begannen ein Gespräch. Seine Anwesenheit stresste und störte mich. Es fühlte sich falsch an, dass er dabei war. Für mich war er absolut überflüssig. Es entstand ein sehr kurzes und von Smalltalk gefülltes Gespräch. Die Atmosphäre fühlte sich gezwungen an. Ich fühlte mich gehemmt, die Fragen zu stellen, die ich gerne gestellt hätte. Irgendwann wurde ich eingeladen, mir den Hof anzusehen. Natürlich nahm ich die Einladung an. So gingen wir von der Küche ins Wohnzimmer und von dort auf eine Terrasse. Von dort führte ein kleiner Weg zu den Koppeln der Pferde. Hinter dem Haus lief ein Fluss entlang. Ein Stück weiter gab es sogar noch eine Brücke. Das Haus lag unglaublich idyllisch gelegen. Das Grundstück passend dazu wunderschön angelegt. Wir kamen durch die Pferdeställe, an Koppeln und Reitplätzen vorbei und endeten in einer Scheune, in der ich von mehreren Katzen begrüßt wurde.

Dann kam der Moment des Abschieds. Wir umarmten uns und waren uns einig, dass wir uns wiedersehen wollten. Ich stieg wieder in mein Auto und begann die Rückfahrt. Mein Besuch hatte nur 1,5 Stunden gedauert und trotzdem war ich müde, erschöpft und traurig, dass wir kein offenes Gespräch hatten führen können, da ihr Lebenspartner uns nicht eine Sekunde aus den Augen gelassen hatte. Außerdem hatte ich jede Menge Fragezeichen im Kopf.

Zwei Wochen später vereinbarten wir ein zweites Treffen. Wir wählten einen Tag, an dem ihr Lebenspartner nicht zu Hause sein würde. Somit hatten wir an diesem Tag viel Zeit, um uns allein und ungestört zu unterhalten. Das taten wir und ich erfuhr mehr, als ich zu träumen gewagt hätte.

Die Antwort

Wie es meine Art so war, war ich wieder mal sehr pünktlich. Sie begrüßte mich herzlich an der Tür und lud mich wieder in ihre Küche ein. Ich setzte mich auf denselben Stuhl, wie beim letzten Mal und nach einem zögerlichen Smalltalk über meine Herfahrt tauschten wir uns endlich ungestört aus. Sie war sehr ehrlich zu mir.

Sie erzählte mir, dass ich zwei ältere Halbbrüder habe. Der älteste sei in der Familie seines leiblichen Vaters aufgewachsen.

Der jüngere Halbbruder dagegen sei bei ihr auf dem Hof aufgewachsen. Er war nur ein Jahr älter als ich. Es kränkte mich sehr zu hören, dass sie ihn hatte behalten wollen. Mich, nur ein Jahr später, nicht.

Ich hörte mir ihre Erzählungen schweigend an. Hin und wieder stellte ich eine Frage, um ihre Lage, ihr Leben und meine Halbbrüder besser zu verstehen. Ansonsten schwieg ich zu ihren Ausführungen. Was sollte ich auch sagen? Es war ja alles schon so lange vorbei. Trotzdem hatte sie mir die Frage, die ich mir schon mein ganzes Leben gestellt hatte, noch nicht beantwortet. Also fragte ich sie:

»Warum hast du mich zur Adoption frei gegeben und deine anderen beiden Söhne nicht?«

Nach einem langen Schweigen rückte sie mit der Sprache heraus.

Sie berichtete mir, dass sie anfangs ehrlich gewesen war und nach der Rückkehr aus dem Krankenhaus allen erzählte, dass ihr Baby adoptiert werden würde und ein schönes Laben haben würde. Die Reaktionen darauf seien so ernüchternd gewesen, dass verbale Angriffe im Vergleich noch harmlos gewesen seien. Daraufhin habe sie ihren Plan geändert und allen, die es noch nicht wussten, erzählt, ich sei bei meiner Geburt gestorben. Für sie sei es ein Selbstschutz gewesen, aber jeder habe die Geschichte um die traurige Totgeburt geglaubt. Außerdem habe sie sowohl vor der Geburt, als auch danach unter starker häuslicher Gewalt gelitten und die gesamte Situation sei damals sehr kompliziert gewesen. Gleichzeitig habe sie versuchen wollen, mir mit diesem Schritt ein besseres Leben zu ermöglichen, als sie es mir je hätte geben können, selbst wenn sie es mit aller Kraft gewollt hätte.

Nach diesem Satz runzelte ich die Stirn. Aber warum? Was wäre so schlimm daran gewesen mit ihr auf diesem Pferdehof zu leben?

Ich bohrte nach. Ich spürte, dass noch etwas mehr dahintersteckte. Meine Frage war noch nicht beantwortet. Die Antwort kam umgehend und später wünschte ich mir, ich hätte nie gefragt.

Ich erfuhr, dass meine Erzeugerin mich direkt nach der Geburt zur Adoption freigegeben hatte, weil sie aufgrund einer Vergewaltigung mit mir schwanger geworden war. Ansonsten hätte es mich nie gegeben.

Weniger gewollt hätte ein Kind wohl kaum sein können. Ich war sprachlos.

Lebensmüde

Nach diesem Treffen gab es noch ein paar weitere. Im Zuge dieser Treffen lernte ich dann auch beide meiner Halbbrüder kennen. Witziger Weise sahen wir uns äußerlich überhaupt nicht ähnlich, obwohl wir ja die gleiche Erzeugerin hatten. Da war der Einfluss des leiblichen Vaters wohl bei uns allen dreien stärker gewesen.

Im Laufe der nächsten Monate versuchte ich noch, den Kontakt zu allen zu pflegen, aber ich hatte immer das Gefühl, dass keiner von ihnen so richtig motiviert war, den Kontakt wirklich zu vertiefen. Letztlich waren diese Personen trotz aller Gespräche und näherem Kennenlernen weiterhin nur Fremde geblieben. Unsere Lebensweisen, unsere Lebensgestaltung, unsere persönlichen Situationen passten einfach nicht zusammen. Auch der Kontakt zu meiner Erzeugerin zerschlug sie sich in diesem Zuge. Meinen leiblichen Erzeuger lernte ich dagegen niemals kennen. Ich fand zwar eine Person, die es hätte sein können und schrieb ihr auch einen Brief, aber ich bekam nie eine Antwort.

Die Ereignisse hatten sich überschlagen. Kind tot, Ex-Freundin tot, Krebs und plötzlich sitze ich vor meiner Erzeugerin und erfahre von weiteren Geschwistern. Obwohl ich mir den Kontakt ja selbst gewünscht hatte und ich es auch nie bereute, sie kontaktiert zu haben, nahm ich das Kennenlernen meiner Erzeugerin und meiner Halbbrüder nicht als positiv wahr. Im Gegenteil. Irgendwie war es belastend. Mein Leben glich einem riesigen Scherbenhaufen und diese Sache machte es nicht besser. Es warf mich zurück in jüngste Kindertage, an denen mir vorgeworfen worden war, ich sei adoptiert und damit ein Rabenkind. Mein zerstörtes Selbstwertgefühl meldete sich und weinte in voller Qual. Ich war nicht gewollt gewesen. Im Gegenteil: Ich war das Ergebnis von Gewalt. Ich ekelte mich vor mir selbst.

Leon wohnte immer noch bei meinen Eltern, also kam ich jedes Mal in ein leeres, verlassenes Haus zurück. Das war auch nicht gerade heilsam. Mein verstörter Kopf kämpfte immer noch täglich gegen das Grauen des Verlustes und zugleich kämpfte mein Körper gegen den Krebs. Gleichzeitig zwang ich mich immer wieder, mich weiterhin um meinen schlecht laufenden Laden zu kümmern. Ich verkaufte immer noch ausschließlich Designermöbel aus zweiter Hand. Aber wenn man den Laden nie öffnet, um Möbel zu verkaufen, kann man auch nichts verdienen. Und daher schwamm ich immer kurz vorm Untergehen auf der Wasseroberfläche herum. In meiner Verfassung schaffte ich es nicht, meine ursprünglichen Öffnungszeiten einzuhalten. Ich war immer nur sporadisch da, um zu öffnen.

Interessanterweise war jetzt schon ein halbes Jahr vergangen. Ich lebte immer noch. Trotzdem war der Wunsch, meinen Qualen endlich ein Ende zu setzen, so stark geworden, wie nie zuvor. Ich wurde meinem ganzen Leben nicht mehr gerecht. Ich packte das alles einfach nicht.

Ende des Jahres 2010 saß ich mal wieder nach einer besonders schlimmen Nacht, mit vielen Alpträumen und Gedankenkarussellen, vor meinem PC und surfte durchs Internet. Das machte ich immer so, wenn ich nicht schlafen konnte, und das mache ich auch heute noch so.

Damals gab es so eine Vorgänger Plattform, von derjenigen die kurz danach so erfolgreich wurde, wie keine zuvor. Man konnte sich dort anmelden und dann lauter lustige Sachen von sich posten. Freunde und andere Menschen konnten das dann lesen. Am besagten Morgen postete ich gedankenverloren und in sehr düsterer Stimmung unter anderem folgenden Satz:

„Ich will nicht mehr. Ich werde mich vor einen Zug werfen."

Ich neigte schon immer zu Theatralik und so war es auch damals. Ich musste mein Ego ständig streicheln, ich brauchte ständig Feedback von anderen Menschen, ansonsten hätte ich mich aufgelöst. Ich war mir selbst nicht genug. Eigentlich war ich mir selbst zu viel. Also musste ich mir Kritik und Lob immer von Fremden abholen. Es war zum Kotzen. Heute denke ich, es war bloß ein Hilfeschrei. Ich wollte, dass mir geholfen wird, aber ich konnte selbst nicht um Hilfe fragen.

Auf meinen Beitrag hin, kam ich kurz darauf mit einer Frau im Privatchat ins Gespräch. Sie fragte mich, ob ich das ernst meine, was ich geschrieben habe und ob ich wirklich vor habe mein Leben zu beenden. Ich schrieb der Frau, dass es mir derzeit sehr schlecht ginge und ich eine starke Tendenz verspüre, dies zu tun, da mein Leben für mich keinen Sinn mehr ergebe. Ich kannte die Frau nicht, aber sie reagierte unmittelbar. Sie meldete meine Aussage und unseren Chatverlauf der Polizei. Später erfuhr ich, dass sie in der Vergangenheit einen anderen Suizid leider nicht hatte verhindern können und in meinem Fall Angst gehabt hatte, wieder falsch zu handeln. Einer Suizid-Ankündigung muss die Polizei immer nachgehen, daher machte sich ein Streifenwagen sofort auf die Suche nach mir. Sie suchten mich zu Hause und sie suchten mich in meinem Ladengeschäft, doch sie fanden mich nicht.

Natürlich fanden sie mich nicht. Ich hatte davon ja noch nichts gewusst und war ganz normal in der Stadt unterwegs. Einkaufen. Meinen Laden betreuen. Parallel durchkämmte die Polizei aber die ganze Stadt. Weil sie mich nicht fanden, waren sie auch bei meinen Eltern vorbeigefahren, erklärten ihnen, was passiert war und fragten sie, wo ich sein könnte.

Ich plante derweil mein Vorgehen. Ich wollte mich tatsächlich vor den Zug werfen, aber wann und wie ich das anstellen wollte, war mir noch nicht ganz klar. Ich war völlig neben der Spur.

Gegen Mittag bekam ich dann einen Anruf von meinen Eltern. Es ging natürlich um den Polizeieinsatz, den ich ausgelöst hatte. Wir einigten uns darauf, dass ich mit der

Polizei mitgehen sollte. Schließlich fanden sie mich dann in der Stadt. Nach einer kurzen Befragung brachten mich die Beamten zur nächsten Polizeistation. Meine Mutter war auch schon da. Es war ein schreckliches Gefühl. Ich fühlte mich schuldig. Wie ein Verbrecher. Als hätte ich gerade eine Straftat begangen. Dabei war ich doch nur verzweifelt.

Ich saß dem Amtsarzt in einem hässlichen, grauen Raum auf der Polizeistation gegenüber. Er hatte einen alten weißen Kittel an und saß an einem riesigen, unästhetischen Schreibtisch aus Buchenholz. Der ganze Raum wirkte genauso trostlos wie meine persönliche Situation. Es war wahrlich keine Atmosphäre zum Wohlfühlen. Der Arzt blätterte in einigen Unterlagen und schaute dann zu mir auf. Seine braunen Augen wirkten kühl und ausdruckslos.

»Wie geht es Ihnen denn?«, fragte der Arzt ganz allgemein und wirkte dabei, als schien er gar nicht auf eine großartige Erklärung aus zu sein. Doch plötzlich polterte und sprudelte es nur so aus mir heraus:

»Ja…ich bin in therapeutischer Behandlung … Mir geht's schlecht…also mir geht's nicht gut … Ich habe suizidale Tendenzen … Ich habe momentan keinen Lebenswillen.«

Er stellte noch mehr Fragen, die ich willig beantwortete.

»Verstehe. Momentan stellen Sie damit eine akute Gefahr für sich selbst dar. Sie müssen sich unbedingt in eine psychiatrische Behandlung begeben«, sagte er abschließend.

Ich nickte und schaute zu Boden. Ich konnte nichts mehr sagen,
nichts mehr denken, nichts mehr fühlen.

Der Amtsarzt wirkte zwar abgeklärt, schien mein Anliegen aber zu verstehen. Auch wenn er nur seinen Job machte,
wirkte er positiv überrascht und ging auch recht einfühlsam
auf meine Sorgen und Nöte ein. Er merkte, dass ich bereit
war zu reden und das ich mir im Klaren darüber war, dass
es mir psychisch nicht gut ging. Ich hatte einfach mit allen
meinen Erlebnissen zu kämpfen. Ich war psychisch labil
und mit allen Dingen und allen Menschen dieser Welt überfordert.

Das hatte er verstanden. Er ordnete ein per Gerichtsbeschluss einen 14-tägigen Aufenthalt in einer psychiatrischen
Klinik an. Aus der Nummer kam ich nicht mehr heraus. Ob
ich wollte, oder nicht, ich musste dahin. Mein Selbstmordversuch war damit erstmal wieder gescheitert.

Freiheitsentzug

Unmittelbar nach diesem Gespräch wurde ich in eine psychiatrische Klinik eingeliefert. Vor Ort erklärte ich der Stationsärztin noch einmal die Geschichte von meinen psychischen Leiden. Und dann war ich dort; auf der geschlossenen Station einer psychiatrischen Klinik. Als sei ich verrückt und gefährlich.

Ich bezog mein Dreibettzimmer und wusste nichts mit mir anzufangen.

Im Laufe des restlichen Nachmittages lernte ich bereits andere Patienten kennen.

Fast alle Patienten waren aufgrund verschiedenster psychischer Erkrankungen in der Klinik. Nicht aufgrund von Selbstmordgedanken. Teilweise waren sie so in ihrem Denken gestört, dass sie bestimmte Menschen als akutes Feindbild einordneten und dann versuchten, diese Personen zu töten, einfach weil sie da waren. Viele konnten ihre Aggressionen nicht kontrollieren und griffen grundlos andere Menschen an. Mir wurde mulmig zumute. Ich fühlte mich definitiv nicht so verrückt wie die anderen. Ganz im Gegenteil, ich fühlte mich in Gefahr und war ständig auf der Hut.

Als es Zeit wurde schlafen zu gehen, wurde mir schlagartig bewusst, dass ich möglicherweise mit genau solchen Menschen in einem Raum schlafen würde. Was, wenn ich zu einem Feindbild wurde? Wie sicher war ich dann? Mein

Körper und mein Geist sträubten sich. Das kam für mich überhaupt nicht in Frage und stand auch nicht zur Diskussion.

Kurzerhand nahm ich mein zugewiesenes Bett und verlegte meinen Schlafplatz auf den Flur. Pflegebetten haben immer Rollen. Ich schob mein Bett also problemlos auf den Flur. Ich fragte nicht, ob ich das tun durfte. Ich tat es einfach.

Das Pflegepersonal beanstandete oder kommentierte das nicht. Ich konnte ja eh nicht von dort weglaufen. Die Station war geschlossen. Außerdem wurde mir klar, dass dort sicher schon ganz andere Situationen entstanden waren. Da war ein Patient, der auf dem Flur schlafen wollte, mit Sicherheit die kleinste Kuriosität.

Jedoch merkte ich in meiner ersten Nacht, dass auch der Flur kein viel besserer Ort war, um einen sicheren und erholsamen Schlaf zu bekommen. Jedenfalls nicht auf der geschlossenen Station einer psychiatrischen Klinik.

Ich lag im Bett auf dem langen Flur. Ich war hellwach. Ich konnte nicht schlafen. Dafür war die Umgebung einfach viel zu fremd. Die Wände waren kahl und weiß, ein Handlauf zierte den Flur und wurde nur durch Türen unterbrochen, die hier und da zu sehen waren. Der Flur war fast dunkel. Nur die Hinweisschilder zu den Notausgangstüren tauchten den Flur in ein schummriges grünes Licht. Hin und wieder hörte ich, wie eine Tür geöffnet und geschlossen wurde, oder wie jemand die Treppe hinauf oder hinab ging. Manchmal hörte ich eine Toilettenspülung und die Hinweisschilder gaben ein gleichmäßiges Surren von sich. Während ich auf dem Rücken lag und den Geräuschen des Hauses lauschte, beschlich mich das Gefühl, dass sich jemand näherte. Aber ich konnte keine Schritte hören oder jemanden sehen. Mit klopfendem Herzen wartete ich. Ich war mir sicher, dass da jemand in meiner Nähe war.

Plötzlich stand eine Person dicht neben meinem Bett. Ich drehte meinen Kopf nach rechts und blickte direkt in das Gesicht eines jungen Mannes. Er war vielleicht Mitte zwanzig. Er stand so dicht, dass er halb über meinem Bett aufragte und mich ausdruckslos anstarrte. Der Schreck saß tief. Das eben noch so laut klopfende Herz rutschte mir in die Hose und blieb still. Wo war er so lautlos hergekommen? Was wollte er von mir? Wie erstarrt lag ich in meinem Bett und starrte ihn an. Ich konnte mich nicht bewegen oder irgendwas sagen. Er war unangenehm dicht. Viel zu dicht. Da fing mein Herz wild an zu schlagen, so als wüsste es, dass es gleich seinen letzten Herzschlag tun würde. Meine Selbstmordgedanken, meine Depression und alles andere, weswegen ich eigentlich eingeliefert wurde, waren für einen kurzen Moment ausgelöscht. Plötzlich bildete sich in mir der gegenteilige Wunsch: Ich will leben! Bitte lass mich leben! Ich will nicht sterben! Ich hatte auf einmal große Angst, dass mich der Mann töten könnte.

Instinktiv drehte ich mich auf die linke Seite. Da war die Wand. Ich stellte mich tot, um der Situation für diesen Moment so gut wie möglich zu entkommen. Ich lauschte und wartete darauf, dass der Mann wieder weggehen würde. Aber ich konnte keinen Hinweis darauf erhaschen. Ich lauschte und lauschte und machte vor

Anspannung kein Auge mehr zu. Nach einer schier endlosen Zeit schlief ich dann aber doch vor Müdigkeit ein. Ich wachte erst auf, als der Sonnenaufgang seine ersten Strahlen durch die Fenster schickte. Ich schaute mich zu allen Seiten um, aber der Mann war nicht mehr da.

Am nächsten Morgen berichtete ich sofort der nächsten Krankenschwester, die mir über den Weg lief, von meiner nächtlichen Begegnung.

»Ja, der ist fast jede Nacht auf den Fluren unterwegs. Aber der ist ganz harmlos. Vor dem brauchen Sie keine Angst haben«, versicherte mir die Krankenschwester und lächelte dabei beschwichtigend.

»Und warum ist er hier?«, fragte ich zögerlich. Ich wollte nicht zu neugierig oder aufdringlich wirken. Ich wollte es aber unbedingt wissen.

»Ach, der hat seinen Vater im Schlaf umgebracht. Aber wie gesagt, der tut Ihnen nichts.«, sagte sie immer noch lächelnd.

Mir wurde schlagartig schlecht.

»Ah ... danke«, brachte ich mühsam hervor, drehte mich auf dem Absatz um und verließ die Situation, so schnell ich konnte.

Ich brauchte jetzt frische Luft. Also ging ich in den Außenbereich der Klinik. Ein keiner Innenhof mit Pflanzen in der Mitte und Bänken, die darum herum angeordnet waren.

Gerade als ich auf einer der Bänke saß und mich einigermaßen mit dieser gruseligen Geschichte abgefunden hatte, tauchte eben jener junge Mann von letzter Nacht neben mir auf.

Erschrocken sprang ich auf die Füße und wich ein paar Schritte zurück. Jetzt konnte ich ihn richtig sehen. Er war ein zerzauster Typ, mit schwachem Bartwuchs und einem irren Blick in stechend blauen Augen. Er hatte eine Frisur, die aussah, als ob er noch nie etwas von einer Bürste gehört hätte. Er trug ein weißes Hemd und eine blaue Jeans. Er hatte eine Hasenscharte im Gesicht. Während er irgendetwas zu sich selbst sagte, kicherte er beim Reden, wie ein kleines Kind. Die Tonlage seiner Stimme wechselte von hoch zu tief. Immer wieder. Ohne jegliches Schema. Das machte mir Angst. Er wirkte unberechenbar.

Er setzte sich wieder in Bewegung und ich betete zu Gott, dass er jetzt gehen würde und ich ihn nie wieder sehen müsste.

Während er an mir vorbeiging, erkannte ich aus seinem Gemurmel plötzlich echte Wörter.

»Du siehst aus wie mein Vater«, sagte er, kicherte und verschwand. Ich schluckte schwer.

Glücklicherweise gab es aber auch schönere, wenn auch nicht minder kuriose Momente bei meinem kurzen Aufenthalt in der Klinik.

Mittags traf ich auf einen älteren Mann, der auf den ersten Blick ganz normal aussah. Allerdings nur bis er dichter kam und ich ihn genauer betrachten konnte. Er hatte keine Hände. Zwischen den beiden Armstümpfen transportierte er freudestrahlend eine Banane, die er mir spontan überreichte. Ich war recht sprachlos und brachte nur ein kurzes, unsicheres „Danke" heraus. Später erfuhr ich, dass er sich die Hände an Silvester weggesprengt hatte. Ich konnte mit den Eindrücken überhaupt nicht umgehen. Es war für mich alles mehr oder minder unwirklich, was dort passierte. Ich lief durch die Gegend wie Falschgeld. Völlig verloren in einem Labyrinth aus Verrückten.

Trotz des kurzen Aufenthaltes bekam ich am späten Nachmittag Besuch von zwei Freundinnen. Wir durften uns natürlich nur im überwachten Besucherraum treffen. Es war ein großer Raum, in dem mehrere kleine, quadratische Tische standen. Wir durften uns an diesen Tischen gegenübersitzen und miteinander sprechen. Jeglicher Körperkontakt oder Ähnliches war verboten. Wir unterhielten uns zwanglos. Humorvoll berichtete ich ihnen einige Anekdoten, die ich hier bereits erlebt hatte und konnte die Frauen damit gut unterhalten. Sie sprachen mir ihr Mitgefühl aus und wünschten mir, dass ich bald entlassen werden würde und dass es mir schnell besser gehen möge. Ich freute mich über ihren Besuch. Es verschaffte mir etwas mehr Normalität.

Außer mir war nur ein weiterer Patient mit im Raum. Ein jüngerer Mann saß zwei Tische von uns entfernt und hatte Besuch von seiner Mutter bekommen, soweit ich das von außen beurteilen konnte. Sie saßen sich ebenfalls gegenüber und unterhielten sich leise.

Meine Freundinnen erzählten gerade, was es bei ihnen Neues gab, da sprang der junge Mann am Nebentisch plötzlich auf und rastete aus. Er brüllte wie verrückt. Seine

Stimme füllte den gesamten Raum. Wilder Zorn war in seinem Gesicht zu sehen, dann ging er auf seine Mutter los. Wie gelähmt und mit großen Augen starrten wir auf die Szene. Unser eigenes Gespräch war vergessen.

Er schlug die arme Frau ins Gesicht und brüllte dabei Beleidigungen, die ich nicht verstand. Als die Frau durch den ersten Fausthieb von ihrem Stuhl gefallen war, setzte der Mann um den Tisch herum und prügelte weiter auf sie ein.

Nur wenige Momente später rauschte die „weiße Wolke" herein und löste die Situation auf. An die sechs oder sieben Personen in weißen Kitteln eilten herbei und stürzten sich auf den Mann. Er wurde zu Boden gedrückt und fixiert. Er wehrte sich mit Händen und Füßen und schrie die ganze Zeit wie am Spieß. Dann bekam er eine Spritze. Wahrscheinlich irgendein Beruhigungsmittel, denn kurz darauf wehrte er sich nicht mehr.

Nach diesem Vorfall konnte ich in meiner zweiten Nacht natürlich wieder nur schlecht einschlafen. Außerdem hielt mich die Erinnerung an den jungen Mann, der seinen Vater im Schlaf getötet hatte so wach, als hätte ich einen Liter Kaffee getrunken.

Ich lag also wieder wach in meinem Bett auf dem Flur. Ich starrte aus dem Fenster und fragte mich gerade, welche Einschlafstrategie mir noch einfiele, die funktionieren könnte, da ging eine Tür auf. Ein Pfleger eilte aufgeregt heraus und lief durch den

Flur auf eine der Notausgangstüren zu. Er hatte ein Funkgerät dabei, aus dem es wild knisterte und knackte. Er blieb vor der Tür stehen und schien auf etwas zu warten. Da ich eh nichts Besseres zu tun hatte, beobachtete ich die Szene gespannt. Mit einem Mal öffnete sich die Tür und ein Polizist kam herein. An seiner Seite ein junges Mädchen. Vielleicht war sie 14 Jahre alt. Er hielt ihren Arm fest umklammert. Wahrscheinlich damit sie nicht weglaufen konnte. Auf ihrer anderen Seite ging ein Pfleger in einer anderen Farbe. Vermutlich arbeitete er auf einer anderen Station. Auch er hielt ihren Arm fest umklammert. Der aufgeregte erste Pfleger nahm die Gruppe in Empfang und führte sie den Flur entlang. Auf ihrem Weg kamen sie an meinem Bett vorbei. Jetzt konnte ich das Mädchen sehen. Es hatte dicke Verbände an beiden Unterarmen. Unter den Verbänden war Blut bis zu den Händen hinabgeflossen. Ich vermutete, sie hatte sich beide Pulsadern aufgeschnitten und überlebt. Sie wurde in ein Zimmer gebracht. Seitdem habe ich sie nie wieder gesehen.

Am nächsten Morgen hatte ich ein weiteres Gespräch mit dem Arzt, der mich, während meines Psychiatrieaufenthaltes betreute. Völlig überraschend und unerwartet teilte er mir mit, dass er sich freue mir mitteilen zu können, dass er feststellen konnte, dass ich nicht mehr akut selbstmordgefährdet sei und die Klinik wieder verlassen könne.

Perplex, aber hocherfreut ging ich zu meinem Bett auf dem Flur zurück und packte meine wenigen Sachen. Ich konnte es gar nicht fassen! Ich durfte nach zwei Tagen schon wieder gehen, obwohl ich darauf eingestellt war, 14 Tage bleiben zu müssen. Es war wie ein Wunder! Einmal in meinem Leben war jemand auf meiner Seite gewesen. So jedenfalls hatte es sich angefühlt.

Am Nachmittag wurde ich abgeholt und freute mich mehr als jemals zuvor über mein zu Hause.

Der Aufenthalt in der Klinik war für mich leider keine schöne Erfahrung und hatte mir auch so überhaupt gar nicht weitergeholfen. Ich nahm mir vor, dass alles zu vergessen und nach vorne zu blicken. Schließlich lebte ich noch.

Ich hatte auch nur noch sporadisch Schmerzen. Hier und da tauchte mal eine Schwellung irgendwo an meinem Körper auf, aber genauso unstet verschwand sie wieder. Ich machte mir darum keine Sorgen mehr. Meine spirituelle Reise hatte mich gelehrt, im Hier und Jetzt zu Leben und jeden Tag neu zu beginnen. Jeder Tag hatte die Chance, der beste meines Lebens zu werden. An jedem Morgen, an dem ich die Augen aufschlug, hatte ich die Macht mein Leben zu verbessern und neu anzufangen. Nach den Erlebnissen in der Klinik, wollte ich endlich anfangen, danach zu leben. Ich suchte mir psychologische Unterstützung und versuchte Leas Tod anzunehmen.

Trotzdem hatte ich immer noch regelmäßig depressive Schübe. Mein Körper und mein Kopf gehorchten mir nicht richtig und oft lebte ich einfach so vor mich hin.

Manchmal fuhr ich auch mit dem Auto planlos durch die Gegend. Einfach so, ohne ein wirkliches Ziel. Ich wusste nichts mit mir anzufangen. Ich wusste nicht, wie ich die Leere in meinem Herzen je wieder füllen sollte.

Kollisionskurs

Als Anfang 2011 wieder mal einer dieser Tage angebrochen war, fuhr ich durch verschiedene Straßen eines Wohngebietes. Beiläufig schaute ich aus dem Fenster und beobachtete eine alte Dame dabei, wie sie in ihrem Vorgarten Unkraut jätete. Für mich war das eine absolut sinnlose Tätigkeit. In meinem Kopf gab es so viel wichtigere Dinge, um die man sich kümmern konnte. Am Ende des Wohngebietes bog ich in eine Straße ab, die ein Industriegebiet führte. Auch hier schaute ich wieder beiläufig aus dem Fenster, um zu sehen, wie sich die Welt weiter drehte. Ich sah einen LKW-Fahrer, der gerade versuchte, in die vermutlich schmalste Auffahrt seines Lebens zu rangieren. Ich staunte und war insgeheim beeindruckt. Wie diese Menschen es schafften, ein so großes Fahrzeug, zentimetergenau zu bewegen war mir ein Rätsel. Ich bog wieder ab und fuhr durch eine weitere Straße des Industriegebietes.

Ich kam an einer Berufsschule vorbei. Hier war ordentlich was los. Auf dem Parkplatz der Schule sah ich viele Kinder, die offenbar gerade Fahrradfahren lernten. Neugierig ließ ich meinen Blick über die Szene schweifen. Als ich den Mann betrachtete, der ihnen das beizubringen versuchte, durchzuckte mich ein elektrischer Schlag und ich traute meinen Augen nicht. Ich erkannte ihn. Reflexartig brachte ich mein Auto zum Stehen. Mit großen Augen starrte ich die Gruppe an. Ich atmete tief durch und stieg aus. Kein Geringerer, als Helmut Zeiler, der meine Tochter, entführt, missbraucht und umgebracht hatte, stand hier gerade unbekümmert auf diesem Parkplatz. Der Mann, der eine diagnostizierte pädophile Neigung hatte, und bereits ein Kind missbraucht hatte, verbrachte gerade Zeit in unmittelbarer Nähe von Grundschulkindern. Ich war perplex und entsetzt. Das durfte doch nicht wahr sein! Mir war egal, in welcher Funktion er auf diesem Parkplatz stand, für mich war klar, dass er hier nichts zu suchen hatte.

Entschlossen schritt ich auf ihn zu. Anscheinend brachte er einer Gruppe von ungefähr 10 Kindern das Fahrradfahren bei. Spielerisch. Er lächelte, verbreitete Freude unter den Kindern, hatte Spaß mit ihnen. Ich konnte es nicht fassen. Wer war dafür verantwortlich? Wer hatte das zugelassen? Wut keimte in mir auf. Ich hatte ein unbändiges Verlangen danach, auf diesen Parkplatz zu stürmen und die Situation zu sprengen. Ich wollte diesen Menschen unbedingt von den Kindern fernhalten.

Ich durchquerte das offene Eisentor und marschierte halb blind vor Entschlossenheit direkt auf den Menschen zu, der mir und meiner Familie schon so viel Leid beschert hatte.

Als er bemerkte, dass ich mich ihm näherte, drehte er sich zu mir um. In dem Moment, in dem sich unsere Blicke trafen, erkannte er mich. Ich konnte es in seinen Augen sehen. Wütend starrte ich ihn an. Er hielt meinem Blick stand, verfiel dabei aber in eine Art Schockstarre. Panik und Angst machten sich in seinen Augen breit. Wir standen dicht mit den Gesichtern voreinander. Ich konnte seine Angst förmlich riechen. Er wusste, dass er nicht hier sein durfte und er wusste, dass ich das auch wusste. Die Situation zwischen uns war zum Zerreißen gespannt. Doch keiner von uns sagte auch nur ein Wort. Plötzlich kam eine Frau um die Ecke.

»Was ist denn hier los?«, fragte eine erschrockene Stimme hinter mir.

»Gibt es ein Problem?«, fragte sie, als sie bei uns ankam. Und ob es ein Problem gab!

»Wer sind Sie?«, blaffte ich sie an, ohne auf ihre Fragen zu reagieren. Sie war empört, reagierte aber professionell.

»Ich bin Lehrerin an der örtlichen Grundschule und gebe mit Helmut, den Sie da gerade so böse anfunkeln, einen Fahrradkurs.«

Die Kinder hatten sich derweil in alle Himmelsrichtungen verstreut und fuhren weiter sorglos Fahrrad. Meine Wut steigerte sich, als mir klar wurde, dass die Frau keine Ahnung hatte, mit wem sie hier zusammenarbeitete.

»Fragen Sie doch mal Ihren Kollegen hier, was er in Wirklichkeit für ein Typ ist und vor allem was er noch vor drei Jahren so getrieben hat!«, knurrte ich zwischen zusammengepressten Zähnen hervor. Ich ließ Helmut dabei keine Sekunde aus den Augen.

Die Lehrerin verstand das natürlich nicht. Sie blickte nur verdutzt von mir zu ihrem Kollegen und wieder zurück. Ich konnte sehen, wie sie versuchte zu verstehen, was ich meinen könnten.

»Fragen Sie ihn, auf was er in seiner Freizeit so steht!«, ergänzte ich gereizt.

Helmut erwachte noch immer nicht aus seiner Schockstarre.
Nur seine Hautfarbe veränderte sich. Er wurde blass, senkte den
Blick und sagte nichts. Aber was sollte er auch antworten? Ich
hatte ja gerade damit begonnen ihn zu entlarven. Ich wollte, dass
die Wahrheit ans Licht kam. Ich wollte unbedingt, dass er hier vor
dieser Frau zugab, was er nur drei Jahre zuvor getan hatte. Ich
wollte weitere Kinder davor beschützen, sein nächstes Opfer zu
werden. Meine Wut erreichte ihren Siedepunkt. Plötzlich sah ich
mich, wie ich ihn an den Schultern packte und an die nächste Ge-
bäudewand schubste. Er stolperte rückwärts und ich drückte ihn
an Wand, bis er bewegungsunfähig wurde.

»Rede! Sag es! Sag der Frau was für ein widerlicher Typ du
bist!«, brüllte ich mit aller Kraft, die ich hatte. Meine Stimme
hallte tief und beängstigend über das Gelände.

Die Lehrerin zuckte zurück.

»Los, fragen Sie ihn!«, schrie ich abermals.

Stattdessen kam die Lehrerin beherzt auf uns zu und drängte
sich zwischen uns. Sie legte ihre Hände auf meine Brust und versuchte, mich wegzuschieben.

»Jetzt reicht es aber! Hier sind immer noch Kinder auf dem
Parkplatz. Zügeln Sie ihr Temperament und lassen Sie ihn in
Ruhe!«, zischte sie drohend und sah mir dabei direkt ins Gesicht.

Ich ließ es zu und trat zwei Schritte zurück. Ich atmete tief
durch, um mich zu beruhigen. Die Frau stellte sich schützend

neben Helmut. Ich konnte dieses Bild kaum ertragen. Sie setzte sich für ihn ein! Für diesen perversen Mörder!

Aber aus ihrer Sicht war ihre Reaktion natürlich nachvollziehbar. Für sie war ich der Verrückte.

»Was zum Teufel ist denn los? Warum sind Sie so wütend?«, fragte sie anklagend.

Wir hatten jetzt zwar Abstand, aber ich war immer noch in Rage. Mühsam sortierte ich meine Gedanken, um nichts Dummes oder Unüberlegtes zu tun.

»Dieser Mann hat Ihnen nichts getan. Er kümmert sich hier lediglich liebevoll um die Kinder und leistet dabei hervorragende Arbeit. Und das schon seit 2 Jahren«, ergänzte sie entschlossen und sah mich immer noch finster an.

»Er hat drei Leben zerstört, aber er ist zu Feige es zu sagen«, entgegnete ich und hielt ihrem Blick stand.

»Er könnte das ruhig mal aussprechen, dann wüssten Sie endlich, worum es geht«, fügte ich mit einem bitteren Unterton hinzu und wandte mich beim Sprechen an den immer kleiner werdenden Mann an der Wand.

Der psychische Druck auf ihn wurde immer größer. Der Ausdruck im Gesicht der Frau änderte sich. Langsam wurde sie unsicher, wer hier die Wahrheit sagte. Sie brachte noch ein wenig mehr Abstand zwischen uns. Einige Kinder begannen langsam auf uns aufmerksam zu werden. Mein Brüllen hatte ihr Interesse geweckt.

Weil Helmut immer noch nichts sagen wollte, ballte ich wütend meine Faust.

»Hören Sie, ich würde diesen Mann jetzt am liebsten krankenhausreif schlagen, aber meine Einstellung zum Leben verbietet mir das. Im Gegensatz zu anderen Menschen«, ich unterbrach mich und schaute Helmut tief in die Augen, »Will ich keinem Menschen etwas Böses und ich will keinem Menschen Schaden zufügen.«

Die Lehrerin schaute immer ängstlicher. Nach meiner Ansprache schien sie verunsichert. Die ganze Situation drohte zu eskalieren. Ich in meiner Wut. Helmut, der nichts sagte und die Frau in ihrer Angst, dass ich ihr oder ihrem Kollegen noch etwas antun würde.

Dann ging plötzlich alles ganz schnell.

Wie von der Tarantel gestochen nahm Helmut die Beine in die Hand und rannte um sein Leben. Fast im selben Augenblick setzte ich mich in Bewegung und wollte ihm hinterherrennen. Doch die Lehrerin packte mich am Arm und zerrte mich zurück.

»NEIN!«, kreischte sie mir ins Ohr und hielt mich fest. Ergeben blieb ich bei ihr stehen und sah Helmut nach. Er passierte das Eisentor des Parkplatzes, schaute nicht nach links oder rechts, sondern rannte über die Straße. Es knallte laut und wir blickten fassungslos auf die Szene, die sich uns bot.

Karma

Ein Baustellenfahrzeug hatte nicht mehr rechtzeitig bremsen können und den flüchtenden Helmut mit fast 50 km/h frontal erfasst. Er flog einige Meter durch die Luft, ehe sein Körper auf dem Asphalt aufschlug. Drei Bauarbeiter stiegen hastig aus. Ich war wie gelähmt und rührte mich nicht vom Fleck. Ich konnte nicht handeln, nichts denken, nichts fühlen. Ich hatte keine Emotion zu dem Vorfall. Das Einzige, was ich dachte, war: Karma. So hart es auch klingen mag. Es fühlte sich wie Selbstjustiz vom Schicksal an. Die Bauarbeiter eilten dem Mann sofort zu Hilfe und leiteten alle Rettungsmaßnahmen ein. Schon nach wenigen Minuten trafen die gerufenen Einsatzkräfte ein: Ein Rettungswagen, ein Notarzt und die Polizei mit einem Streifenwagen. Ein Polizist sperrte die Straße ab und die Sanitäter und der Arzt kümmerten sich um den schwer verletzten Helmut. Er wurde stabilisiert, intubiert und auf eine Trage verfrachtet, damit er möglichst schnell ins nächstgelegene Krankenhaus gefahren werden konnte.

Wenige Meter weiter nahm die Kollegin des Polizisten die Aussagen der drei Bauarbeiter auf.

Die Lehrerin hatte sich derweil wieder gefangen und stellte mich zur Rede.

»Jetzt sagen Sie mir endlich, was genau zwischen Ihnen und Helmut vorgefallen ist!«, forderte sie und ihre Augen waren matt vor Traurigkeit und Ungläubigkeit.

»Er ist der Mörder meiner Tochter«, antworte ich tonlos. Mehr konnte und wollte ich ihr einfach nicht sagen.

Entsetzt schlug sie sich die Hand vor den Mund. Ungläubigkeit und Entsetzen huschten über ihr Gesicht.

»Wie meinen Sie das? War das ihr Kind, das bei dem Autounfall gestorben ist?«, fragte sie verwirrt.

»Welcher Autounfall?«, antwortete ich ungerührt.

»Er hat mir erzählt, dass er vor drei Jahren ein Kind angefahren habe, das auf dem Weg ins Krankenhaus aber gestorben sei und er deswegen wegen fahrlässiger Tötung verurteilt worden ist. Deshalb wurde er auch für ein Jahr aus dem Schuldienst suspendiert«, berichtete sie. Sie wollte an ihrer Wahrheit festhalten.

»Was und jetzt ist er wieder Lehrer, oder was?«, blaffte ich zurück und meine Wut kochte erneut hoch.

»Er arbeitet als Aushilfslehrer bei uns«, stellte sie richtig.

Ich holte gerade tief Luft, um ihr eindringlich und lautstark mitzuteilen, wie es wirklich gewesen war, da legte sich von hinten eine Hand auf meine Schulter.

Die Hand drehte mich herum und ich blickte in das Gesicht des Polizisten, der zuvor noch die Unfallstelle abgesichert hatte.

»Haben Sie beobachtet, wie der Unfall zustanden gekommen ist?«, fragte er ohne Umschweife oder Einleitung.

Ehe ich antworten konnte, schaltete sich die Lehrerin unver-mittelt ein.

»Er hat meinen Kollegen bedrängt, geschubst und so sehr unter Druck gesetzt, dass er weggelaufen ist. Er hat ihn aufgehetzt über die Straße zu laufen! Dieser Mann hier ist schuld daran, dass mein Kollege angefahren wurde!«, rekapitulierte sie den Unfall hysterisch und zeigte mit dem Finger auf mich.

Wie bitte? Jetzt sollte ich an dem Unfall des Mörders meiner Tochter schuld sein?

Zu meinem Glück hörte der Fahrer des Baustellenfahrzeuges dieses Gespräch und kam zu uns.

»Das stimmt so nicht!«, korrigierte er, noch ehe ich selbst etwas dazu sagen konnte. Der Polizist wandte sich ihm zu. Seine Kolle-gin war noch mit etwas Anderem beschäftigt. Er hatte also noch gar keine Version der Ereignisse gehört.

»Der Typ hat selbst Schuld an diesem Unfall. Er kam vom Parkplatz gerannt. Einfach so. Hat weder nach rechts noch nach links geschaut. Das Gelände ist sehr unübersichtlich. Ich konnte ihn erst sehen, als er direkt vor meinem Wagen war. Dann konnte ich nicht mehr bremsen. Ich hatte keine Chance. Dieser Mann«, dabei deutete er auf mich, »stand die ganze mit dieser Frau Zeit da hinten. Er hat nichts gemacht.«

Irgendwann waren alle Fragen geklärt und die Situation löste sich nach der Aufnahme meiner Personalien auf. Ich wurde der Körperverletzung beschuldigt und würde zu einem späteren Zeitpunkt noch einmal auf dem Polizeirevier aussagen müssen.

Die Lehrerin ging ohne sich zu verabschieden davon und kümmerte sich um die Kinder, die immer noch auf dem Parkplatz herum wuselten und die Szene ängstlich verfolgt hatten.

Ich wandte mich ab, ging zur Straße und setzte mich erschöpft auf den Bordstein. Unvermittelt brachen die Gefühle und Erlebnisse der letzten Stunde über mir herein. Ich vergrub mein Gesicht in meinen Händen und begann zu weinen. Es war einfach zu viel für diesen Tag. Mich plagten Schuldgefühle. War ich wirklich schuld an diesem Unfall? Hatte ich das gewollt? Nein. So sehr ich ihn hasste, seinen Tod wünschte ich mir nicht.

Er sollte sich einfach nicht mehr mit Kindern beschäftigen. Das war alles, was ich wollte. Er hatte eine diagnostizierte pädophile Störung und hatte bereits mindestens ein Kind auf dem Gewissen. Es wäre genauso falsch von mir gewesen, wenn ich nicht direkt eingeschritten wäre. Er hätte ja nicht weglaufen müssen. Ich hätte ihn nicht schubsen sollen. Wie auch immer. Das Leben ist leider kein Konjunktiv. Es war passiert und daran konnte ich nichts mehr ändern.

Ein paar Tage später fischte ich die offizielle Vorladung von der Polizei aus der Post. Darin hieß es, dass ich auf dem Revier erscheinen solle, damit meine Aussage zu Protokoll gebracht werden könne.

Am Ende dieses Prozedere war ich ziemlich erleichtert, als mir der Sachbearbeiter erklärte, dass ich nichts getan habe und mir keine Handlungen nachgewiesen werden könnten, die in einem strafrechtlichen Zusammenhang mit dem schweren Verkehrsunfall des Mannes stünden.

Jedoch sollte ich abwarten, ob eventuell noch eine Anzeige von Helmut Zeiler wegen Körperverletzung eintreffe, sobald dieser wieder ansprechbar und vernehmungsfähig sei. Es kam nie eine. Er hatte keine weiteren Schritte gegen mich eingeleitet und zeigte mich auch nicht an. Mir fiel ein Stein vom Herzen.

Mittlerweile waren ein paar Monate seit dem Unfall vergangen, aber mich ließ Helmuts Schicksal nicht los. Ich war unruhig und nachdenklich und ich wollte unbedingt wissen, wie es ihm nach dem Unfall ergangen war. Schließlich war ich an seiner Lage ja nicht ganz unbeteiligt gewesen. Durch einen Bekannten erfuhr ich, dass Helmut noch immer im Krankenhaus lag. Mein Bekannter arbeitete zufällig auf der gleichen Station. Ich erfuhr, dass er stark mit seinen Verletzungen zu kämpfen hatte und über einen längeren Zeitraum auf der Intensivstation versorgt werden musste. Das verbesserte meine Unruhe natürlich überhaupt nicht. Ich beschloss, zum Krankenhaus zu fahren und ihn zu besuchen.

Ich hatte mir in das in den Kopf gesetzt, aber ich wusste eigentlich nicht recht, warum ich das tun wollte. Aber ich fuhr los und erreichte das Krankenhaus problemlos. Ich fragte mich vor Ort bis zu seiner Station durch und fuhr mit dem Fahrstuhl in den zweiten Stock. Ich verließ den Fahrstuhl und betrat die Station. Ein langer Gang, von dem nach rechts und links viele Türen abgingen. Ich ging in Richtung eines Büros, um nach Helmut Zeilers Zimmer zu fragen, da sah ich ihn im Vorbeigehen auf einmal mit anderen Patienten in einem Gemeinschaftsraum sitzen. Ich blieb kurz stehen und starrte durch den Glasausschnitt der Tür. Da saß er. Zum Greifen nah. Doch ich ging nicht zu ihm hinein. Zuvor wollte ich mit einer Pflegekraft sprechen. Ich fand jemanden, der mir Auskunft geben konnte und ich erfuhr, dass es Helmut physisch und psychisch sehr schlecht ging. Er hatte bei dem Unfall schwerste Verletzungen am Becken und an der Wirbelsäule davongetragen, sodass er seit dem Unfall querschnittsgelähmt und an den Rollstuhl gebunden war.

Selbst diese wenigen Eindrücke explodierten in meiner Gedanken- und Gefühlswelt wie Bomben. Ich ging zurück zu dem Gemeinschaftsraum und blieb vor der Tür stehen. Plötzlich fühlte ich mich nicht mehr in der Lage, dem Mann, der meine Tochter getötet hatte, gegenüberzutreten. Doch bevor ich reagieren oder mich bemerkbar machen konnte, entdeckte mich Helmut und erkannte mich. Seine Reaktion war diesmal völlig anders als auf dem Fahrradübungsplatz.

Anstatt wieder in eine Schockstarre zu verfallen fing er an zu schreien und aufgeregt zu gestikulieren. Er zeigte mit dem Finger auf mich und bezeichnete mich vor versammelter Mannschaft als „Teufel, der ihn jetzt holen will" und dass ihn jemand sofort retten und da wegholen müsse. Er schrie so laut, dass ich ihn durch die Tür hindurch verstand. Das Pflegepersonal war sofort zur Stelle und bat mich, die Station unverzüglich zu verlassen. Ich war schockiert und sagte nichts dazu. Helmuts Reaktion hatte mich überrascht. Natürlich kam ich der Aufforderung sofort nach und fuhr nach Hause.

Normalität

Jetzt hatte ich alles getan, was ich hätte tun können. Ich musste mir das Schicksal dieses Mannes aus dem Kopf schlagen. Es ging mich nichts mehr an. Stattdessen konzentrierte ich mich wieder auf mein Geschäft. Jedenfalls versuchte ich das. Immer noch verwackelt, wegen all der Ereignisse der vergangenen 3 Jahre, war ich leider nicht sehr leistungsfähig. Nicht sehr konzentriert und emotional immer noch eingeschränkt gegenüber aller täglichen Aufgaben. Außerdem spürte ich immer noch den Krebs in mir arbeiten. Regelmäßig spürte ich Schübe, die mir große Schmerzen bereiteten. Aber ich lebte immer noch. Krebs hin oder her. Ich war noch da.

Ende 2011 wurde ich 31 Jahre alt und lernte eine neue Frau kennen: Paula. Schnell wurden wir ein Paar und es dauerte nicht lange, da zog sie bei mir ein. Wir hatten eine wunderschöne und harmonische Beziehung. Es hätte nicht schöner sein können.

Sie war ein sensible, aber zufriedene Frau. Ich liebte sie aus vollem Herzen und verspürte seit Ewigkeiten wieder so eine Art Glücksgefühl in mir. Mit ihr an meiner Seite war mein Leben nicht mehr einsam und grau, sondern lebendig und bunt. Mit ihr begann mein Leben wieder an Normalität zu gewinnen.

Sie war Köchin und musste regelmäßig im Schichtdienst arbeiten. Ich dagegen war zu dieser Zeit immer noch selbstständig und hatte zwei Läden in der Innenstadt, die ich betrieb. Sie beobachtete mein Leben und war mit ihrem Schichtdienst irgendwann nicht mehr zufrieden. Sie wollte sich verändern, wusste aber noch nicht so recht wie.

Ich bot ihr den kleineren meiner beiden Läden an, da ich diesen sowieso nicht mehr in dem Umfang betreiben konnte, wie ich das wollte. Sie übernahm ihn und bot darin Damenbekleidung an. Sie kündigte ihren Job als Köchin aber noch nicht, sondern öffnete den Laden an zwei Tagen die Woche. Immer dann, wenn sie frei hatte.

Das lief sehr gut. Sie war zufrieden und ausgelastet. Und ich ebenso.

2012 brauchte ich eine gedankliche und berufliche Auszeit. Ich wollte mich umorientieren. Ich hatte keine Lust mehr darauf, die schweren Möbel herbei zu organisieren und mich mit arroganten Kunden abzuplagen. Dafür brauchte ich aber etwas Luft. Wir kamen auf die Idee, dass Paula meinen großen Laden übernahm und wir den Kleinen abgaben. Gesagt getan. Sie vergrößerte sich und ich verkleinerte mich. Ihr Laden lief sehr gut und so kündigte sie sogar ihren Job als Köchin.

Nach einiger Zeit fehlte es Paula jedoch an etwas. Sie fühlte sich einsam, wenn sie den ganzen Tag allein im Laden verbrachte. Die Kunden waren ihr keine Abwechslung. Eines Tages schaute sie mich mit großen Augen an und fragte mich, was ich von der Idee hielte, wenn sie einen Hund haben und ihn mit in den Laden nehmen würde.

Du kannst Dir meine Antwort sicher denken. Ich als alter Hundeliebhaber hielt das natürlich für eine glänzende Idee.

Mein Schäferhund Leon war dafür leider nicht geeignet. Er war frech, wild und ungezogen. Ihm hätte das lange Warten im Laden nicht gutgetan.

Wir waren also auf der Suche nach einem passenden Hund, fanden aber zunächst keinen. Paula war schon ganz traurig geworden und hatte die Suche aufgegeben. Doch schon bald darauf stieß ich auf die alles entscheidende Anzeige. Ganz in der Nähe suchte ein Labradorwelpe ein neues zu Hause.

Eines Tages erzählte ich Paula, dass ich ein Auto anschauen will, und fragte sie, ob sie mitkommen würde, um das alte Auto wieder zurückzufahren, wenn ich das Neue kaufen würde. Hilfsbereit wie sie war, kam sie natürlich mit. Und natürlich wusste sie nicht, was ich wirklich vorhatte. Es sollte eine Überraschung werden.

»Hast du alles?«, fragte ich ungeduldig, während ich schon fertig angezogen neben der Haustür stand. Wir waren spät dran.

»Ich komme!«, erklang Paulas Stimme aus dem Badezimmer und schon im nächsten Augenblick war sie an mir vorbeigerauscht. Noch ehe ich die Tür abgeschlossen hatte, saß sie schon auf dem Beifahrersitz.

Ich schloss die Tür ab und setzte mich hinters Steuer.

»Da bist du ja endlich. Ich habe schon auf dich gewartet«, sagte sie frech und vorwurfsvoll. Dann grinste sie mich an und ich musste lachen. So war sie. Frech wie ein Kind und um keine Ausrede verlegen.

Während der Fahrt erzählte ich ihr von dem Auto, das wir gleich anschauen und hoffentlich kaufen würden. Sie wunderte sich nicht. Ich wechselte meine Autos tatsächlich häufiger als meine Unterhosen und so war es für sie nichts Ungewöhnliches, dass ich mir schon wieder eines anschauen wollte.

Nach einer Stunde parkten wir in einer Seitenstraße und liefen zu einem großen Haus mit Garten. Wir hatten gerade die kleine Gartenpforte zur Haustür passiert, da bog eine Frau mit einem braunen Labrador um die Ecke des Hauses.

»Hallo, ich bin Marta«, sagte sie. Wir gaben uns die Hand.

»Hallo Marta. Ich bin Björn und das ist meine Freundin Paula«

»Schön, dass ihr da seid. Hattet ihr eine gute Herfahrt?«, fragte sie freundlich.

»Ja es gab keine Hindernisse«, erwiderte ich ebenso freundlich.

»Wo ist denn das Auto, dass ich mir gerne anschauen möchte?«, fragte ich. Ich hatte Marta eingeweiht. Sie spielte das Spiel mit.

Paula hatte sich während unseres Gespräches bereits mit dem Labrador beschäftigt und kraulte ihn gerade herzhaft hinter den Ohren. Seinem offenen Maul und den geschlossenen Augen nach zu urteilen, genoss er es sehr.

»Es ist hinter dem Haus. Folgt mir«, antwortete Marta, drehte sich um und lief den Weg um das Haus wieder zurück, den sie vorhin gekommen war.

Hier war eine weitere Gartenpforte, die wir durchqueren mussten und gerade als wir sie sorgfältig hinter uns geschlossen hatten, stürmte schon ein kleines, braunes Fellbündel auf uns zu. Mit wehenden Ohren kam ein Welpe angerannt. Mit neugierigen, braunen Augen wurden wir von oben bis unten beschnüffelt.

»Oh wie süß!«, quietschte Paula und ließ sich sofort zu dem Welpen ins Gras sinken. Sie streichelte und knuddelte ihn ausgiebig. Sie war sichtlich entzückt.

»Die ist so niedlich!«, sagte Paula immer wieder und schaute dabei immer abwechselnd zu mir und zu dem Welpenmädchen zurück. Marta und ich standen daneben und unterhielten uns.

»Sie ist die Letzte aus diesem Wurf und ich habe noch keine neuen Herrchen für sie finden können«, erklärte Marta und tätschelte dabei dem großen Labrador die Schulter.

»Das ist die Mutter«, fügte sie hinzu, während sich der große Labrador genüsslich hinter den Ohren kraulen ließ.

Paula hatte derweil nur Augen und Ohren für den Welpen. Sie schien schwer verliebt.

»Paula, möchtest du den Welpen behalten?«, fragte ich unvermittelt. Paula riss den Kopf herum und starrte mich an.

»Meinst du das ernst?«, fragte sie tonlos. Ich nickte.

Mit Tränen in den Augen und mit vor Glück und Rührung strahlenden Augen bejahte sie meine Frage.

So kam Lucy zu uns. Eine schokobraune und reinrassige Labradorhündin.

Lucy war eine richtig freche und neugierige kleine Hundedame. Wir hatten ihr extra ein großes Hundekörbchen in unserem Schlafzimmer eingerichtet, aber es verging eigentlich kein Tag, an dem sie nicht lieber bei uns im Bett schlief.

Es brach eine wunderschöne Zeit an. Lucy brachte umwerfend viel Leben, Freude und Glückseligkeit mit ins Haus. Paula kümmerte sich hauptsächlich und sehr liebevoll um sie. Die beiden wurden ein schönes Team. Sie war das blühende Leben und versprühte pures Glück mit ihrer Anwesenheit. Auch mit Leon verstand sie sich sehr gut. Es war eine wunderbare Zeit.

Wir unternahmen lange Spaziergänge mit ihr, zeigten ihr die Welt und auch das Warten im Laden lernte sie schnell. Sie war talentiert und neugierig. Paula war überglücklich mit ihr und ich war ebenfalls glücklich. Wir wurden zu einer richtigen, kleinen Familie. Für mich war alles perfekt. Für Paula irgendwann leider nicht mehr.

Anfang 2016, nach insgesamt 5 Jahren wunderschöner Beziehung, trennten wir uns, da sich Paula in jemand Anderen verliebt hatte. Immerhin war sie so ehrlich, mir das zu sagen.

Sie nahm Lucy mit und behielt auch den Laden. Mit einem Mal stand ich mal wieder vor dem Nichts.

Endgegner

Es machte mich wirklich sehr traurig, da ich das Ende unserer Beziehung nicht habe kommen sehen. Liebeskummer stellte sich ein und das typische Gefühl von Verlassen worden sein und nichts wert sein gesellte sich dazu. Doch ehe besonders viel Zeit damit verbringen konnte, Liebeskummer zu erleiden, wurde ich von etwas anderem abgelenkt. Ende 2016 unterhielt ich mich eines Tages mit einem Bekannten. Er erzählte mir ganz aufgeregt von einer Neuaufnahme in der Pflegeeinrichtung, in der er als Pflegekraft arbeitete. Es sei ein Mann aufgenommen worden, der einen ganz schlimmen Unfall gehabt habe, durch den er seitdem im Rollstuhl sitzen musste. Im Gespräch wurde klar, dass es sich um Helmut Zeiler handelte. In Absprache mit der Einrichtungsleitung ging ich ihn dort besuchen. Er hatte nach Rücksprache mit dem Pflegepersonal eingewilligt, dass ich vorbeikommen durfte. Und dann kam es endlich zu dem langersehnten Gespräch zwischen uns. Einem Gespräch, welches durch Ruhe, Freundlichkeit, Offenheit und vor allem durch große Ehrlichkeit geprägt war.

Ich ging einen langen Gang entlang und schaute an jede Tür. Als ich Zimmer Nr. 38 erreichte, klopfte ich.

»Herein« hörte ich eine schwache Männerstimme sagen.

Ich öffnete die Tür und betrat das Zimmer. Es war fast wie ein Krankenhauszimmer aufgebaut. Gleich rechts ein winziges

Badezimmer, hinter dem Wandvorsprung ein Einbauschrank und daneben das Pflegebett. Gegenüber standen ein Schreibtisch und ein Sessel. Ging man durch das Zimmer durch, kam man auf einen kleinen Balkon.

Helmut saß in seinem Rollstuhl vor der Balkontür und drehte sich langsam zu mir um, als ich das Zimmer betrat. Ich schloss die Tür hinter mir und ging langsam auf ihn zu. Nach all den missglückten Treffen wollte ich keine Angst mehr verbreiten.

»Setzen Sie sich«, sagte er leise und deutete dabei auf den Sessel. Ich setzte mich und schaute in glasige, braune Augen.

»Ich bin in Frieden gekommen«, begann ich das Gespräch.

»Ich möchte keine alten Geschichten aufwärmen, oder irgendjemanden für irgendetwas verurteilen. Ich möchte bloß reden«, ergänzte ich, als er nichts darauf erwidert hatte.

Helmut lächelte kurz.

»Das freut mich zu hören. Ich habe auch einiges zu sagen«, sagte er und faltete seine Hände in seinem Schoß. Doch anstatt weiterzusprechen, schwieg er.

Es waren inzwischen fast 7 Jahre seit dem Tod meiner Tochter vergangen. Ich war jetzt 37 Jahre alt. Es fühlte sich merkwürdig an, auf diese Weise wieder daran erinnert zu werden. Ich hatte ihm zwar ein Stück weit verzeihen können, vergessen würde ich seine Tat jedoch nie. Wie könnte ich auch? Lea war schließlich für immer von mir gegangen.

»Ich war damals auf dem Schulhof unglaublich wütend, aber das so etwas passiert, habe ich nicht gewollt«, sagte ich atemlos und musste eine kurze Pause machen. Die Erinnerungen an damals kamen wieder hoch, und drohten mich zu überwältigen. Helmut aber wirkte gefasst und aufmerksam. Das überraschte mich sehr, machte mir aber Mut weiterzusprechen.

»Ich hatte viele Schuldgefühle, dass der Unfall damals passiert ist. Ich war ja nicht ganz unschuldig daran. Das ist auch der Grund, warum ich Sie im Krankenhaus besuchen wollte.«

Verständnis blitzte in Helmuts dunklen Augen auf. Dann schüttelte er langsam den Kopf.

Es sah aus, als ob er versuche, eine Fliege zu verscheuchen.

»In Wirklichkeit bin ich derjenige, der sich entschuldigen muss und das möchte ich heute tun. Ich entschuldige mich aufrichtig für mein Handeln und meine Taten. Es tut mir sehr leid, dass ich für den Tod zweier Menschen verantwortlich bin, die Ihnen nahestanden.«

Überrascht schaute ich ihn an. Ich hatte mit vielen Dingen gerechnet, aber nicht mit einer Entschuldigung. Gleichwohl tat sie mir unendlich gut. Das war, was ich die ganzen Jahre über gebraucht und nicht bekommen hatte. Ehe ich etwas antworten konnte, sprach er weiter.

»Ich würde sogar noch einen Schritt weiter gehen und behaupten, dass ich dieses Schicksal verdient habe. Im Rollstuhl zu sitzen und darüber nachdenken dürfen, was ich getan habe und wer ich eigentlich bin, war genau das, was ich gebraucht habe, um aufzuwachen.«

»Was meinen Sie mit aufwachen?«, fragte ich verblüfft.

Er antwortete nicht gleich, sondern schaute einen Augenblick aus dem Fenster. In seinem Blick sah ich, dass er für einen kurzen Moment ganz weit weg war.

»Wenn ich diesen Unfall nicht gehabt hätte und fortan nicht an diesen Rollstuhl gefesselt gewesen wäre«, begann er und trommelte dabei mit seinen Fingern auf die Armlehnen seines Rollstuhls. »Dann hätte ich mich immer wieder an Kindern vergangen. Vor allem an Mädchen. Ich hätte es wie bei Ihrer Tochter gemacht. Immer wieder. Viele Male.« Traurig schaute er zu Boden. Diese Erkenntnis musste ihn einiges an therapeutischer Arbeit gekostet haben und diese neue Wahrheit auszusprechen fiel ihm offenbar nach wie vor sehr schwer. Schämte er sich für sich selbst? Ich wusste es nicht genau.

Der Schock saß aber tief. Ich konnte kaum glauben, was er mir da gerade eröffnet hatte.

Wie gebannt starrte ich in sein altes Gesicht. Unfähig etwas zu sagen oder zu fühlen.

»Ich bin mir sicher, dass durch meinen Unfall viele unschuldige Kinderleben gerettet worden sind. Und wenn Sie Schuldgefühle haben, weil sie nicht ganz unbeteiligt an meinem Unfall waren, dann erinnern Sie sich künftig daran, dass Sie auch nicht ganz unbeteiligt daran waren, Kinder vor mir gerettet zu haben.«

Ich wusste nicht, was ich darauf erwidern konnte.

Nachricht aus dem Jenseits

Es verging viel Zeit. Die Jahre schlichen dahin und ich fühlte mich mit keinem Tag besser. Es war als, sei Lea erst gestern gestorben. Ich sah keinen Ausweg und hatte keine Hoffnung auf Besserung. Die Sehnsucht und der Schmerz des Verlustes waren nach wie vor überwältigend.

Ende 2019 kontaktierte mich dann plötzlich die Pflegeeinrichtung von Helmut Zeiler, um mir mitzuteilen, dass er verstorben sei. Eine schwere Entzündung aufgrund seiner alten Verletzungen hatte zu einer tödlichen Blutvergiftung geführt. Außerdem habe er einen Brief für mich hinterlassen. Überrascht und neugierig zugleich holte ich den Brief zwar sofort ab, war aber lange Zeit nicht in der Lage ihn zu öffnen. Ich hatte zu viel Angst und zu viel Respekt davor, was er zu Papier gebracht hatte. Es kostete mich einiges an Überwindung, den Brief nach einigen Tagen endlich zu öffnen.

Hallo Herr Scholz,

ich schreibe diese Zeilen in der Erwartung meines baldigen Ablebens. Die Inspiration dazu, noch einige letzte Gedanken zu verschriftlichen, bevor die Äußerung dieser nicht mehr möglich sein wird, kam von Ihnen. Sie verließen mein Zimmer in der Pflegeeinrichtung, in der ich umständehalber untergebracht worden war und nur wenige Minuten später verfasste ich diesen Brief. Denn ich hatte Ihnen nicht alles sagen können, was ich gewollt hatte.

Wenn Sie diesen Brief nun in den Händen halten und meine bescheidenen Zeilen lesen, dann weile ich nicht mehr unter den Lebenden. Ich habe das Pflegepersonal angewiesen und dies auch testamentarisch festgehalten, dass dieser Brief den Weg zu Ihnen findet, wenn ich meinen letzten Atemzug getan habe.

So weit ist es nun wohl.

Ich möchte mich noch einmal für meine Taten entschuldigen. Besonders dafür, dass ich das Leben zweier unschuldiger Menschen auf dem Gewissen habe. Ein Umstand, der mir bis heute Unbehagen bereitet.

Ich bin in meiner Kindheit selbst Opfer eines sexuellen Übergriffes und sexuellem Missbrauch geworden. Diese Tatsache möchte ich nicht als Entschuldigung oder Begründung für meine Taten vorschieben, aber es hilft vielleicht, zu verstehen, warum ich zum Täter wurde.

Ganz im Gegenteil. Für mich ist sexueller Missbrauch von Kindern ganz allgemein, aber vor allem natürlich meine pädophile Neigung eine Krankheit. Es ist eine Krankheit, die durch meine eigenen Missbrauchserfahrungen ausgelöst worden ist und der ich zu verdanken habe, dass ich den Drang verspüre, mit Kindern sexuell intim zu werden. Sie lässt mich an nichts anderes Denken und zwingt mich, diesem Trieb nachzugeben. Ich kann ihn nicht kontrollieren. Dieser Kontrollverlust trägt schwere Konsequenzen, das weiß ich heute.

Ich möchte mich erklären und Ihnen durch diesen Brief ver-
deutlichen, dass ich nicht geplant hatte mich auf die Art und
Weise an Ihrer Tochter zu vergehen, wie ich es getan habe. Schon
gar nicht habe ich ihren Tod gewollt. Mein Trieb hat mich jedoch
im Denken gelähmt, mich gezwungen es doch zu tun und dann
ist alles außer Kontrolle geraten.

Das ich seit dem Unfall an den Rollstuhl gefesselt bin, halte
ich, aus heutiger Sicht betrachtet, für das Beste, was mir und allen
anderen Menschen hätte passieren können. Ich hatte mir, kurz be-
vor wir uns auf dem Schulhof trafen, bereits ein weiteres Mädchen
aus der Schule ausgesucht. Ich fühlte mich unbändig von ihr an-
gezogen. Es wäre also nur eine Frage der Zeit gewesen, bis sie
mein nächstes Opfer geworden wäre. Durch den Unfall wurde das
verhindert.

Ich hoffe, dass Sie irgendwann wieder nach vorne schauen wer-
den, und wünsche Ihnen alles Gute dafür.

Helmut

Der Brief machte mich unglaublich traurig. Es kostete
mich enorm viel Energie, seine Worte zu verarbeiten und zu
verstehen. Er hatte sich bereits wieder ein Mädchen ausgesucht. Eine weitere Familie, die zerstört worden wäre. Dieser Gedanke ekelte mich an und ließ mich beinahe physi-
schen Schmerz vor Verzweiflung spüren, dagegen nichts
tun zu können. Aber er war tot. Und damit hatte er keine
Macht mehr über mich oder über irgendjemanden sonst.

Ein Mensch weniger, der Kindern etwas antun konnte. Es war, als hätte sich ein Knoten in meinem Kopf gelöst. Ich verspürte ein Gefühl der Erlösung. Es war vorbei. Endlich vorbei!

Mutig und stark

Ich schlief trotzdem schlecht in der nächsten Nacht. Die Wirkung des Briefes war zu mächtig gewesen, um erholsamen Schlaf finden zu können. Ich wälzte mich hin und her und meine Gedanken formten wilde Albträume. Als ich die Augen am nächsten Morgen aufschlug, fühlte ich mich, trotz der schlechten Nacht, anders. Irgendwie gereinigt. Ich stand auf, setzte mich zurück auf die Bettkante und vergrub mein Gesicht in den Händen. Mein Leben zog wie eine Bildergalerie an mir vorbei. Adoptiert. Missbraucht. Gemobbt. Kind tot. Krebs. Depressiv. Wow. Das reichte für drei Leben. Und doch war es meines. Es war mein Leben und ich war noch hier. Mit einer mir, bis dato unbekannten Superkraft hatte ich mich nach jedem Schicksalsschlag, nach jedem Jahr, nach jedem Monat und nach jedem Tag wieder aufgerappelt. Ich war wieder aufgestanden. Tag für Tag. Warum eigentlich? Um zu leben.

Ich atmete tief durch. Ich füllte meine Lungen mit Luft, bis sie zu platzen drohten. Es war, als hätte ich noch nie in meinem Leben richtig geatmet. Mit jedem Zug nahm ich nicht nur Luft, sondern auch neue Energie auf. Diese Energie gab mir Kraft. Ich dachte an meine Tochter Lea zurück. An ihre Mutter, Friederike und schließlich an Helmut, der mir beide genommen hatte. Ich fühlte Traurigkeit und Verlust, aber beide Gefühle fesselten mein Herz nicht mehr so stark wie sonst. Ganz im Gegenteil. Plötzlich war da jede Menge Platz in mir. Ich hatte meine Rache bekommen. Ich hatte bekommen, was ich immer gewollt hatte: Gerechtigkeit. Das Monster war fort. Es konnte weder mir noch irgendeinem Kind sonst, jemals wieder etwas antun. Diese Erkenntnis wuchs in mir und schwoll zu einem mächtigen Gebrüll an. Ich war frei! Ich hatte meinen Endgegner besiegt!

Jetzt endlich, sollte alles anders werden. Ich war bereit zu kämpfen, ich war bereit, mein Leben zu verändern.

Als Erstes schloss ich mich verschiedenen Selbsthilfegruppen an.

Dort wollte ich einen Weg finden, mit meinem Schicksal umgehen zu lernen. Ich wollte mit Menschen sprechen, denen ein ähnliches Schicksal widerfahren war, denen ich mich mitteilen konnte und die mein Leid am ehesten verstehen konnten. Plötzlich konnte ich reden. Nach nunmehr 13 Jahren war der Bann plötzlich gebrochen. Endlich konnte ich ausführlich und ehrlich über mich und mein Leben sprechen. Ich erkannte schnell, wie wichtig es war, darüber zu reden. Man kann es drehen und wenden, wie man will, schweigen bringt einfach gar nichts. Es ist weder hilfreich noch in irgendeiner Form schmerzlindernd. Daher mein klarer Tipp an Dich: Rede darüber!

Ich persönlich fand viel Zuspruch und Austausch in diesen Gruppen.

Da waren Mensch, die annähernd eine Ahnung davon hatten, wie ich mich fühlte. Das tat unglaublich gut. Außerdem lernte ich durch sie, dass ich allein dafür verantwortlich war, mich aus meiner Situation zu befreien. Nur ich allein konnte aus dem Kreislauf des Traurig seins, des Opferseins und der Aussichtslosigkeit ausbrechen. Vor allem aber musste ich bereit dafür sein und es wollen. Dabei konnte mir niemand helfen. Andere Menschen können begleiten und beistehen, aber sie können nicht direkt helfen. Nur ich allein konnte den ersten Schritt in diese Richtung gehen. Und das tat ich.

Gleichzeitig suchte ich wieder regelmäßig Gespräche mit meinem Psychotherapeuten. Während der Therapie und auch in den Gruppentreffen ließ ich mein gesamtes Leben noch einmal Revue passieren. Ich reflektierte Geschehenes und baute mein Selbstwertgefühl wieder auf.

Meine Adoption ist für mich bis heute ein prägender Punkt gewesen. Obwohl mir gerade in den Selbsthilfegruppen nochmal stark bewusst wurde, wie viel Glück ich mit meinen Adoptiveltern gehabt habe, bin ich den Stempel „adoptiert" nie los geworden. Zeit meines Lebens hatte ich das Gefühl, dass ich mich anderen Menschen immer auf irgendeine Art und Weise beweisen musste, um akzeptiert zu werden. Ich hatte immer den Drang mehr und mehr zu geben, nur um gesehen und anerkannt zu werden. Ich lernte, dass das Quatsch ist. Jeder von uns auf dieser Welt, egal wie er aussieht, wie alt er ist, welches Geschlecht er hat und welcher Nation er angehört, ist richtig und gut, so wie er ist. Jeder von uns ist großartig und wertvoll. Und gerade Du, der oder die Du gerade mein Buch liest, bist allen voran der tollste Mensch. Denn Du warst mutig dieses Buch zu lesen und hast Dich den darin beschriebenen Themen gestellt. Ich verstand also, dass ich aufhören konnte, mich irgendwie beweisen zu wollen. Ich musste nur mir selbst genügen. Aber das war schon schwierig genug.

Das Thema Missbrauch, gehört hier auch noch mit dazu. Diese Erfahrung hat mich am allermeisten beschäftigt und verändert. Trotzdem hat sie den gleichen Tenor: Es ist nicht meine Schuld, dass mich jemand missbraucht hat. Ich bin dadurch kein schlechterer Mensch. Das habe ich jedoch leider lange gedacht. Ich fühlte mich anders, obwohl ich das nie war. Es spielte sich alles nur in meinem Kopf ab. Und es ist auch nicht Deine Schuld, wenn Dir jemand so etwas angetan hat. Wir sind trotzdem tolle, wertvolle Menschen, die weit mehr verdient haben, als sich in ein Schneckenhaus zurückzuziehen. Im Gegenteil. Es gibt uns die Chance, stark daraus hervorzugehen. Wir wissen jetzt, was Grenzen setzen bedeutet. Wir können jetzt für uns selbst einstehen. Es ist enorm schwierig, so zu denken, aber es hilft. Es heilt die Seele.

Ich habe übrigens nie Alkohol oder Drogen konsumiert. Ich habe auch nie geraucht und rauche auch heute nicht. Ich habe das nie gewollt. Warum habe ich das nie gewollt? Was war so stark, mich davon abzuhalten? Die Antwort darauf verstand ich erst heute, Jahre später. Ich wollte die Kontrolle nicht verlieren. Ein Kontrollverlust durch Drogen oder Alkohol hätte Schutzlosigkeit und noch größere Angreifbarkeit für mich bedeutet. Ein Zustand, den ich durch meine Mobbing Erfahrung schon kannte und auf keinen Fall noch künstlich erzeugen wollte. Heute bin ich natürlich froh, dass ich diesen Süchten nie verfallen bin. Die Kehrseite davon ist, dass ich Kontrolle nach wie vor nicht abgeben kann. Situationen, die ich nicht kontrollieren kann, machen mir Angst. Denn dann muss ich mich ja auf andere Menschen verlassen, ihnen vielleicht sogar vertrauen. Das hatte ich ja nie gelernt. Aber heute will ich das tun. Ich will mein Leben fließen lassen und damit beginnen, Menschen wieder zu vertrauen. Denn Misstrauen und Angst machen einsam. Es grenzte mich aus. Es haben nie die anderen Menschen mich ausgegrenzt. Ich habe das selbst getan! Durch fehlendes Vertrauen und Angst vor Kontrollverlust.

Leider habe ich durch meine Geschichte den Glauben an die Schulmedizin verloren. Ich beschäftigte mich stark mit anderen Heilverfahren und denke heute, dass Krebs eine Art Wegweiser ist. Ein Wegweiser, der darauf hindeuten will, dass im eigenen Leben gerade etwas nicht richtig funktioniert. Auch ist für mich klar geworden, dass Geist und Körper eng miteinander verbunden sind. Geht es dem Geist, also unserer Psyche nicht gut und stößt sie an Grenzen, dann reagiert auch unser Körper darauf. Und zwar mit einem Hilferuf in Form einer Krankheit. Die muss natürlich nicht gleich Krebs sein. Aber je nach psychischer Belastung kann die Reaktion des Körpers eben auch eine Krebsart sein. Dann muss herausgefunden werden, was die psychische Ursache ist, die die Krankheit ausgelöst hat. Wird diese gefunden und gelöst, dann heilt auch der Körper wieder. Aber das ist natürlich nur meine eigene Ansicht.

Im Laufe der Zeit hatte ich mein Denken komplett verändern können. Ich wollte nur noch positiv denken. Nur noch Menschen, in mein Leben lassen, die ebenfalls positiv eingestellt waren und mich mitziehen würden. Ich erkannte so viele Dinge! Ich war plötzlich in der Lage, jedem Tag die Chance zu geben, ein guter Tag zu werden. Vielleicht nicht gleich der schönste meines Lebens, aber immerhin ein besserer als der Vorherige und es wurde mir bewusst, dass ich allein die Macht dazu hatte. Niemand sonst. Wir machen uns allzu gerne von Rahmenbedingungen abhängig.

„Ich kann ja nicht, weil ...", oder „Das geht nicht weil ...". Aber es geht! Immer. Du musst es nur stark genug wollen. Dann gibt es immer einen Weg. Alles was wir tun, oder entscheiden, ist eine Wahl. Daher gibt es niemals richtig oder falsch. Es gibt nur die Wahl, die wir getroffen haben. Und wenn wir doch mal merken, dass es nicht das Richtige war, dann wählen wir etwas Neues aus. Das Leben ist so leicht und so schön. Wir machen es uns nur schwer. Daraus resultierte, dass ich mich auch nicht mehr ärgern brauchte. Wieso ärgern, über Dinge, die ich nicht ändern kann? Das führt ja zu keiner Lösung. Dann ist der Zeitpunkt gekommen, die Dinge zu akzeptieren. Äußerst schwierig auf manchen Gebieten, das weiß ich, aber es geht. Und wenn ich die Dinge ändern kann, dann brauche ich mich auch nicht über sie ärgern, denn dann kann ich sie ja ändern. Mache ich es dann trotzdem nicht, dann habe ich auch kein Recht mehr, mich zu beschweren. Wir haben immer die Wahl. Das gilt auch für den Tod. Was bringt ewige Traurigkeit? Bringt das meine Tochter wieder zurück? Natürlich nicht. Hätte sie gewollt, dass ich mein ganzes Leben damit verbringe, traumatisiert und traurig zu sein? Natürlich nicht. Also, was bringt es mir dann, in der Vergangenheit zu leben? Ich möchte im Hier und jetzt leben und mich über die Dinge freuen, die ich im Hier und Jetzt erleben kann. Natürlich möchte ich meine Tochter nicht vergessen. Das werde ich auch nie und ich habe auch bis heute die Angewohnheit ihre Geburtstage mitzuzählen. In diesem Jahr (2021) wäre sie 17 Jahre alt geworden. Und natürlich gibt es immer noch Tage, an denen ich sie mehr als alles andere auf dieser Welt vermisse und mir wünschte, dass alles wäre nicht passiert. Das ist okay. Jeder in seinem Tempo. Jeder darf seine Geschichte, in dem Tempo verarbeiten, welches für ihn richtig ist. Nicht mehr, nicht weniger. Und niemand hat das Recht, diesen Prozess zu bewerten.

Damit habe ich auch aufgehört. Ich bewerte nicht mehr so viel. Nur wenn wir Situationen bewerten und für uns im Kopf schon fertig interpretieren, entsteht Ärger. Dabei würde es helfen, mit den Menschen zu sprechen. Frag die Person, wie sie das meint, wenn du dich beleidigt fühlst. Sag der Person, dass Du das gerade als Beleidigung empfunden hast. Du wirst staunen, was die Menschen antworten und was am Ende ganz anders war, als es auf den ersten Blick zu sein schien.

Ich hatte so viel an mir gearbeitet und so enorm viel reflektiert, dass dadurch Platz entstanden war. Dort wo vorher Trauer, Wut und Unverständnis gewütet und geherrscht hatten, war nun plötzlich Liebe und Vergebung. Aber der Rest meiner selbst war frei. Ich wollte den Platz auffüllen. Mit meiner neu gewonnenen Energie wollte ich etwas Neues erschaffen.

Ich setze mir in den Kopf, die Wurzel allen Übels zu bekämpfen. Völlig kopflos stürzte ich mich in den Kampf gegen Menschen mit einer pädophilen Neigung. Ich sprach in Foren mit ihnen, ich las das Handbuch für Pädophile durch, ich suchte nach Therapiemöglichkeiten, suchte nach Austauschplattformen, um diesen Menschen klarzumachen, dass das, was sie empfinden, falsch ist. Sex mit Kindern zu wollen ist falsch und jeder, der das anders sieht, kann mich gerne anrufen. Ich wollte ihnen helfen, wollte, dass sie sich Helfen lassen.

Aber ich stieß mit meiner Arbeit an Grenzen. Es sind zu viele. So viele Menschen laufen da draußen herum und wollen Sex mit unseren Kindern. Ich kann bis heute nicht verstehen, warum sie das wollen und warum die Regierung nicht stärker dagegen vorgeht. Aber ich kam nicht gegen die Masse an und schnell fühlte sich meine Arbeit unbedeutend und sinnlos an. Aus meiner neu gewonnenen Gedankenwelt kam die Erkenntnis, dass ich nicht alle Menschen retten konnte. Ich konnte sie nicht alle retten und ich kann sie nicht verstehen. Aber ist das mein Job? Ist das meine Aufgabe? Natürlich nicht. Mir blieb also nichts anderes übrig, als zu akzeptieren, dass sie da waren. Dass sie mit uns auf diesem Planeten leben und das ich dagegen nichts tun konnte. Akzeptieren heißt aber nicht gutheißen. Ich kann und werde diese Menschen niemals gutheißen oder billigen, aber ich kann hinnehmen, dass sie existieren und an anderer Front gegen sie kämpfen.

Entschlossen gründete ich präventive Kinderschutzprojekte. Eines nach dem anderen. Denn bei all meinen Recherchen wurde eines immer wieder deutlich: Die meisten Täter sind in ihrer Kindheit selbst Opfer von Missbrauch oder Gewalt geworden und sind deswegen erst zum Täter geworden. Ich will erreichen, dass unseren Kindern nicht erst passieren muss, was meiner Tochter zugestoßen ist, bevor wir reagieren und etwas verändern. Ich will mit meiner Arbeit ansetzen, bevor etwas passiert und nicht erst danach.

Deswegen Prävention. Nur gesunde Kinder wachsen glücklich auf und werden später nicht zum Täter. Wenn wir also die Zahl der Opfer reduzieren, reduzieren wir irgendwann zwangsläufig auch die Zahl der Täter.

Um das leisten zu können, habe ich mir verschiedene Partner, Projekte und Teams gesucht und bin in der letzten Zeit mit meinen Themen stark gewachsen. Heute erfreue ich mich an zahlreicher Unterstützung durch großartige Menschen.

Auf www.björn-scholz.com findest Du all meine Projekte im Überblick.

Trotzdem möchte ich zwei davon schon hervorheben:

Mit dem Projekt www.missbraucht.org möchten wir Betroffenen (Opfern von sexueller Gewalt, sexuellem Kindesmissbrauch, Vergewaltigungen, Misshandlungen etc.) Mut machen, damit sie ihr Schweigen brechen. Niemand sollte deswegen psychisch zerbrechen. Kein Opfer hat Schuld daran. Schuld tragen einzig und allein die Täter.

Es ist egal, welche Religion, Nationalität oder Hautfarbe ein Täter hat. Fakt ist: Es kommt jede Minute auf der Welt zu sexuellem Kindesmissbrauch und die wenigsten Opfer reden darüber. Wir leisten mit unseren Projekten wichtige

Präventionsarbeit. Auf dieser Webseite geben wir Betroffenen Tipps zum Umgang mit diesen Themen und Du findest Weblinks zu diversen passenden Anlaufstellen.

Im Anschluss daran, gründete ich noch das Buchprojekt www.brummi.net. Der Brummi Bär ist das Aushängeschild des Buches „Nein, das möchte ich nicht!" und richtet sich an Kinder von 3 bis 16 Jahren. Darin sind verschiedene Situationen beschrieben, die ein Kind erleben könnte und wie es dann richtig in dieser Situation reagieren kann. In dem Buch geht es darum, dass Kinder lernen „Nein, das möchte ich nicht!" zu sagen, wenn sie in eine unangenehme Situation geraten. Denn nur so können sie sich selbst schützen. Außerdem soll ihnen der Brummi Bär Mut machen, darüber zu reden. Von mir ist es so gedacht, dass Eltern das Buch gemeinsam mit ihren Kindern lesen. So können Sie Kinder, denen noch nichts passiert ist, stark und mutig machen. Auf der anderen Seite ist es als Türöffner gedacht, um ein Missbrauchsfall aufzudecken. Denn die meisten Kinder trauen sich nicht, davon zu erzählen. Mich erreichten mittlerweile unzählige Nachrichten von aufgelösten Eltern, die durch dieses Buch erst herausgefunden haben, dass ihr Kind etwas Derartiges erlebt hat.

Passend zum Buch habe ich auch eine App entwickeln lassen. So können Kinder auch auf spielerische Art lernen, was sie sich gefallen lassen dürfen und was nicht.

Natürlich ist diese Arbeit nicht unbedingt stimmungs-aufhellend. Fast täglich beschäftige ich mich mit furchtba-ren Fällen von sexualisierter Gewalt oder Missbrauch, treffe und höre verzweifelte Menschen, denen genau das passiert ist, was sie auf einer meiner Seiten gelesen haben.

Trotzdem. Es gibt auch positive Seiten. Menschen, die mir Schreiben, wie dankbar sie für meine Arbeit sind, weil sie dadurch herausfinden konnten, was ihren Kindern pas-siert ist. Ich traf auf Menschen, mit denen ich Zusammenar-beiten konnte, und vor allem traf ich auf gleichgesinnte Menschen.

Menschen, die ähnliche Schicksale hatten wie ich und nun für die gleiche Sache kämpfen. Endlich hatte ich mei-nem Leben einen neuen Sinn und einen neuen Mittelpunkt geben können.

In all meinen Projekten geht es darum, unsere Kinder stark zu machen.

Ich will sie stark und selbstbewusst heranwachsen lassen und gleichzeitig allen Eltern die Augen für die Grausamkei-ten öffnen, die in unserer Welt umhergehen. Nicht um sie zu verschrecken oder anzuklagen, sondern um sie achtsa-mer dafür zu machen, dass es Täter wie Helmut gibt. Nur wenn wir gemeinsam achtsam werden, können wir unsere Kinder stark machen und im Ernstfall beschützen. Jedes be-schützte Kind, senkt die Zahl der Täter.

Ich würde mich sehr freuen, wenn Du auf einer dieser Plattformen vorbeischauen würdest und Dich meiner Vision anschließt.

Gemeinsam können wir unsere Kinder schützen und für eine bessere Zukunft sorgen!

Sternenstaub

Natürlich sind in meinem Leben noch andere Dinge passiert. Im Frühling 2019 starb mein Hund Leon. Das war für mich ein sehr trauriger Moment. Er lag die Nacht über im Garten meiner Eltern und ich bei ihm auf einer Decke. Zum Glück war es eine klare Sommernacht, sodass wir die Sterne im Himmel und auch einige Sternschnuppen beobachten konnten. Er konnte nicht mehr aufstehen und sich kaum noch bewegen. Zuvor lag er nur noch herum und aß nichts mehr. Am nächsten Morgen kam der Tierarzt, den meine Eltern gerufen hatten. Der Tierarzt gab ihm eine Beruhigungsspritze, damit er schlafen konnte. Er schlief in meinen Armen ein und wachte nicht mehr auf. Sein Herz blieb stehen. Er ist 13 Jahre alt geworden. Einer meiner besten Freunde. Ich danke ihm für die schöne Zeit, die wir zusammen hatten. Möge er hinter der Regenbogenbrücke im Hundehimmel eine schöne Zeit haben. Vielleicht trifft er da auch Fuzzy.

Ende 2018 wäre es fast noch mal so weit gewesen, dass ich erneut Vater geworden wäre. Dieses Mal erlebte ich sogar einige Monate der Schwangerschaft meiner damaligen Freundin mit. Leider entschied sich das kleine Leben dazu, noch vor der Geburt wieder umzudrehen und als Sternenkind meine Lea im Himmel zu besuchen. Diese Beziehung zerbrach an meinem Schmerz. Ich konnte dieses Leid und die Sorgen nicht ertragen und beendete die Beziehung einige Monate nach der Fehlgeburt. Obwohl ich diese Frau sehr geliebt habe.

2019 gab ich auch meine Selbstständigkeit endgültig auf. Seither lebe ich von den Ersparnissen aus dieser Zeit. Im Leben kommt es nicht nur auf teuren Besitz an, sondern eher darauf, dass man genug zu Essen und Trinken hat. Ein warmes Bett und gute Freunde. Das ist wichtig. Umgekehrt kommt es nicht darauf an, was andere über einen denken oder sagen. Gesundheit kann man genauso wenig kaufen wie Liebe. Beides ist nicht selbstverständlich und man darf für beides dankbar sein.

Der Krebs kam 2019 wieder zurück und griff meine Organe an. Oft spuckte ich Blut. Mir war viel schlecht und ich war schnell von kleinen Tätigkeiten erschöpft. Erst ging der Arzt von einer Gastritis aus, jedoch ergaben genauere Untersuchungen, dass sich der Krebs weiter ausgebreitet hatte. Ich entschied mich gegen weitere Behandlungen der Schulmedizin und siehe da: Ich lebe immer noch. Manchmal geht's mir sehr gut und manchmal gibt es ein paar Tage, da muss ich mich hinlegen und schlafen.

In meinem Leben habe ich noch 100 andere Dinge erlebt. Die zu erzählen, würde den Rahmen des Erträglichen sprengen. Außerdem bin ich für diese Dinge teilweise selbst verantwortlich. Da ich oft falsche Entscheidungen in meinem Leben getroffen habe, bin ich dadurch häufig in Situationen geraten, in die Menschen, die Grenzen klar definieren können, wahrscheinlich nicht hineingeraten wären. Daher erspare ich Dir in diesem Buch, einige weitere düstere Passagen aus meinem Leben.

Nachwort

Wir sind nun am Ende dieses Buches angelangt. Dem Ende einer fast 42 Jahre andauernden Achterbahnfahrt. Wie du gelesen hast, gab es viele Höhen und Tiefen und ein Looping war schlimmer als der andere. Dabei kann ich ehrlich gesagt, gar nicht behaupten, das Ende der Achterbahnfahrt erreicht zu haben, denn ich kann nicht in die Zukunft schauen. Ich weiß nicht, was das Leben noch für mich bereithält, oder welche Prüfung ich noch zu bestehen habe. Ich weiß nur, dass alles irgendwann ein Ende hat. Selbst das Leben und so auch dieses Buch.

Ich möchte einige Dinge aus diesem Buch noch einmal ansprechen und damit hervorheben. Dinge, die wichtig genug sind, um sie zweimal zu lesen. Dinge, die ich in meinem Leben gelernt und verstanden habe und die ich an Dich weitergeben möchte, damit Du es besser machen kannst.

Ich hoffe sehr, dass Dich die Schilderungen, sowie Beschreibungen meiner Erlebnisse nicht zu sehr geschockt oder in anderer Weise negativ beeinflusst haben. Wenn doch, dann ist das eine gute Überleitung zu dem wohl wichtigsten Punkt aus diesem Buch. Einem Thema, das ich selbst erst nach vielen Jahren des Leidens erkannt habe: Reden! Es ist einfach das Allerwichtigste. Rede über alles, was Dich bewegt, was Du erlebt hast und was Dir ständig in Deinem

Kopf herumschwirrt. Je öfter Du darüber redest, desto weniger mächtig kommt Dir Dein traumatisches Erlebnis vor und irgendwann gehört es einfach dazu. So wie Dein Name oder Deine Augenfarbe. Beides kannst du nicht ändern.

Nachdem ich diesen Schritt gegangen war, habe ich strikt versucht, nur noch positive Menschen in mein Leben zu lassen. Menschen, die positiv denken und mich in meinem Handeln und meinem Sein unterstützen. Menschen, die mich akzeptieren wie ich bin, die mich mögen, wie ich bin und die mir mit Rat und Tat zur Seite standen. Mit solchen Menschen wollte ich etwas zu tun haben. Sie haben mich gestärkt und weit nach vorne gebracht. Ich erkannte, dass ich ein starker, mutiger und großartiger Mensch bin. Und genau das ist der Punkt. Dein Leben ist wundervoll, wenn Du erstmal erkannt hast, was für ein wertvoller und toller Mensch Du selbst bist. Erst wenn du Dich selbst wieder liebst, kannst Du Dein Leben lieben.

Egal wie schwer das „Gestern" war, Du kannst im „Heute" neu beginnen. Die Welt steht nicht still. Die Erde dreht sich täglich weiter. Jeden Tag hat also jeder von uns die Möglichkeit, eine neue Entscheidung für ein schöneres Leben zu treffen. Die Blockade liegt einzig in Deinem Kopf. Resigniere nicht, denn Du kannst dich genauso verändern und weitermachen wie ich.

Sollte es Dir einmal schwerfallen, dann führt mich das zum nächsten absolut wichtigen Punkt: Hilfe annehmen! Du musst nicht jede Aufgabe lösen und schon gar nicht allein. Du darfst Fehler haben und machen. Wir müssen alle nicht perfekt sein. Und wir dürfen Hilfe annehmen.

Zu guter Letzt möchte ich noch meine Hunde erwähnen. Sie waren ein prägender und nicht unwichtiger Faktor in meinem Leben.

Mit ihrem fröhlichen Wesen haben sie mir aus den tiefsten und dunkelsten Momenten meines Lebens herausgeholfen.

Von den Hunden habe ich gelernt, dass man den Moment genießen darf und das selbst die kleinen Momente des Lebens glücklich machen können. Heute erlaube ich mir, mich über all die schönen Dinge zu freuen, die mich umgeben. Denn ich bin es wert. Und Du bist es auch.

Mein Buch trägt übrigens den Titel „Kekse im Bart", weil das die letzten Worte waren, die meine Tochter zu mir sagte, bevor sie starb. Ich widme ihr dieses Buch und möchte ihr eine ewige Erinnerung in den Herzen der Menschen schaffen, die noch auf dieser Erde weilen. Gleichsam soll es als Mahnmal dienen. Als Mahnmal, damit die Menschen achtsam werden und gut auf ihre Kinder aufpassen. Wenn ich durch meine Kinderschutzprojekte nur ein Kind vor einem ähnlichen Schicksal, wie dem meiner Tochter, bewahren kann, dann war alles, was ich durchgestanden habe nicht umsonst.

Außerdem weiß ich, dass wir uns in den Sternen wieder sehen werden. Und auch wenn es noch eine Weile dauern wird: Ich freue bereits darauf.

Was bleibt mir noch zu sagen? Jetzt werde ich meine eigenen Ratschläge befolgen und weitermachen. Jeden Tag von Neuem werde ich aufstehen und der Welt anhand meiner Geschichte zeigen, wie wichtig Kinderschutz ist. Jeden Tag aufs Neue werde ich aufstehen und dankbar sein für die Freunde, die ich habe, für das Zuhause, in dem ich leben darf, für meinen Hund, der mich liebt, für meine Eltern, die gesund sind und für mich selbst, der überlebt hat.

Meine Superkraft ist wieder aufzustehen. Welche ist Deine?

Schön, dass es Dich gibt!
Björn Scholz

DANKSAGUNGEN ...

Ich möchte meinen Eltern noch einmal besonderen Dank aussprechen. Danke Mama und Papa, dafür das ihr immer für mich da wart.

Danke möchte ich auch an ganz besondere Menschen sagen:

Vera, Steffi, Jens, Alan, Federico, Jens-Uwe, Lars, Tatjana, Daniel, Ilona, Reinhard, Andreas, Constantin, Alexander, Sonja, Bilal, Carsten, Christian, Ronny, Max, Manuela, Melanie, Nadine, Patrick, Kai, Claudia, Yvonne, Tanja, Birgit, Wolfgang, Mike, Sarah, Nicole, Milad, Yuldran, Machmut, Cen, Frank, Nillo, Phillip, Ilona, Erika, Gisela, Helga, Eckard, Peter, Doro, Klausi und Moritz.

Natürlich danke ich auch allen anderen Menschen, die mein Leben bereichert oder auch etwas schwerer gemacht haben. Jeder Mensch ist eine Bereicherung, eine Aufgabe oder eine Lektion. Danke dafür an alle Menschen, die ich getroffen habe.